U0010087

阿若優的星盤詮釋指南

Chart Interpretation Handbook:

Guidelines for Understanding Essentials of the Birth Chart

目次

Contents

導言

我們重視人造物品，卻鮮少對上帝親手創造的事物懷抱敬意。

——查蘭．辛格（Charan Singh）《永恆真理》

出版占星相關書籍以來，我持續接獲來自世界各地讀者的信函，這些占星學子和專業占星執業者向我提及他們如何運用書中材料，另外也有不少將占星學作為自助工具的業餘玩家，回饋給我閱讀、運用的心得。他們不但在書中做重點註記，也複印若干章節提供給他們的個案、學生或朋友。有讀者建議我，如果能增列索引或進一步說明某些詮釋的基本法則，將對他們研習占星有莫大的助益。然而，至今我仍然不覺得有必要提供額外的材料，因為我的任務主要是盡可能清楚論述我所發現的基礎原則和方法，使之更為精確，而且達到實際應用的目的，並釐清一些迫切需要說明的問題——以穩固建立一門所謂真正的占星心理學（或宇宙心理學）。

此外，我向來認為占星學子應該獨立思考——除了根據基本原理來判斷星盤，更需視個案的情況調整詮釋，而非盲目遵循傳統僵化的規則，或倚賴所謂「占星工具書」（cookbook）中過度簡化的文字。我認為，占星學子可以多參考一些業已證實的論點，以及我針對某些特例所提出的指南，相信它們能迅速達成極高的準確性，也能將讀者對占星的理解提升到新的層次。再者，我書中所收錄的方法、說明、個案，遠超過其他占星書所能提供，因為缺乏實際案例的參考書，往往會讓占星學子在試圖掌握基礎知識時屢屢受挫。

然而近年來，我逐漸認為進一步闡明我在諸多前作中探討過的基本原理，事實上是相當必要的。坊間占星文獻似乎存在一個巨大的缺口，那就是缺乏一套簡明扼要的詮釋條例，為占星學子、教師、執業者提供輕鬆又快捷的指引。因此，這本兼具條理及深度的手冊除了建立基礎占星的知識，也介紹了可以廣泛應用的詮釋通則，目的不僅要讓讀者得以整合概念，也可以此作為諮商時的思考方向。

我設法將本書重點聚焦於詮釋「本命盤」的主要因素，避免觸碰讓占星學子混淆不清或分散注意力的次要因素，同時略過占星流年與行星過運等議題。

這本書可以說是我的兩本前作《占星學、心理學與四元素》（*Astrology, Psychology & the Four Elements*）以及《占星、業力與轉化》（*Astrology, Karma & Transformation*）的續集，承續書中的結論，我進一步說明在解讀星盤時，如何結合運用關鍵字、概念、語彙，並彰顯各星盤元素最原則性的意義。

撰寫這本說明式手冊時，我遭遇兩難的抉擇：一方面，我希望使用極為精確的語言來表述，一方面也想保留完整而彈性的理解空間，這種詮釋法在我過去的著作中十分重要，而且受到廣泛的認同。書名「指南」或許是全書的核心概念。許多占星書籍正是缺乏語意明確與結論精準的導引，使得占星學子總是受困於本命盤瑣碎的細節和近乎無窮的組合，甚至完全迷失方向，飽受挫折。多年來，我不斷從自學占星的人士那裡聽聞，他們無法認同理當適用於他們的「詮釋」章節，所以難免懷疑占星學的效用。然而他們有所不知，他們所使用的參考書只不過是企圖替大眾「打包」占星知識的工具，不但無法傳達深刻的見解，也無法博取大眾的認同。

現今「以量代質」的風潮在占星工具書中屢見不鮮，良莠不齊的說解在電腦占星中變本加厲。雖然電腦作業能快速推廣占星學（因為它提供各種對象——合格或不合格的占星業者——迅速賺取金錢的機會），卻產生大量膚淺、失焦、無效的「詮釋」。在這些自動化生產的冗言贅語中，沒有人願意花心思去定義或使用精準的詞彙，並分辨其中細微的差異。而在我看來，占星學必須以更細膩的手法來闡述它的內涵，容納案例複雜的多樣性考量，才能真正有助於解決人類的困境，而非讓大量似是而非的資料可憎地扭曲占星學的本質和原貌。

因此，本書以精微、簡單、深刻的語彙來說明占星原理，這些關鍵概念和指引若挑選得當，將有助於讀者洞悉這門學問的真實視野。我的嘗試是否成功，得交由讀者下定論，不過有件事我十分確信——專注於「本命盤」的要素絕對錯不了！其一，若以正確的角度理解，本命盤上出現的基本資訊是十分穩固可靠的。

其二，本命盤上的元素能深刻反映每個人的生命主題，而有效的占星便以權衡、理解並闡明這些主題為目的。如果占星師只顧關注瑣碎的細節，只會導致占星學的淺薄化，而且——占星師的社會形象也會被更為膚淺地看待。

以下引文出自我的某篇講稿，說明為什麼占星的詮釋重點要放在星盤的基本要素：

在星盤中考量太多因素，我們將難以辨別哪些是重要主題，而哪些是次要細節，這會讓我們無法對星盤進行綜合性分析，也無法對重要的生命主題作出有意義的評估。因為我們大可以透過本命盤的各種元素將事件合理化，而當我們使用越多論點、方法、次要原則時，情況越是如此。所以我認為，我們應該使用最小限度的可靠因素，才能清楚看出個案和他們的處境。否則，你在解讀時會產生困惑，而非從中看出一種秩序。

正如天空中有多架飛機同時出現，航管人員很難從雷達螢幕上區分飛機和靜電干擾，或辨識出哪一架飛機最靠近塔台。同理，當占星師使用太多天體因素來解讀時，會發現很難區分重要與次要現象，而歸納出讓案主混淆的假象或錯誤的觀察。人們求助於占星並非為了收獲無數瑣碎的細節和臆想，他們需要清楚的說明來指引人生方向。即使人們想藉此獲得某些預言，那也是他們選擇人生的一種方式。

上文提及慎選關鍵概念與原則對讀者的重要性。自一九六七年起，我開始尋求能精準表述並高度可靠的占星語彙，傳統占星學對吉凶的定義已經無法滿足我的需求。誠如歷史學者約翰．金．費爾班克（John King Fairbank）所言：「若不以批判的眼光看待思考的範疇，便不可能帶著批判的力道進行思考。」然而，直到我讀到拉德雅[1]開創先河的大作，我才聽聞占星師在他們的詮釋語言中所使用的基本假設和範疇受到質疑與批判。

所幸，一旦透過新的角度理解占星，許多困惑便豁然開朗。我在與人們所進行的對話中得到結論：占星學最大的優勢在於**它能清楚描述自我的內在情境**，包含動機與需求、特定時刻的因應，甚至是自我意識的本質；簡言之，就是所有個人身心靈能量場的內在動態。歷經多年實驗、廣泛的閱讀與多類型的諮商，我發現占星學在本質上顯然是種經驗語言，也是一種**能量的語言**。我認為真正合乎科學精神的占星學必須聚焦於人類生命的內在範疇，才可能達成我們所追求的準確度。

相較於外在環境，一個人心理的內在形勢是更為根本的存在，所以也更能精確地藉由「相位」來象徵。這些內心要素一旦顯化為外在行為，勢必成為碎片，從一個變成多個，要單靠星盤上數量有限的因素來推演，只會更加難以察覺事件真實的緣由。因此，如果像許多占星師那樣只強調外在事件和環境，占星學終將淪為一場鮮少命中的猜謎遊戲。相反地，若能專注於心理的內在結構，找尋當某種行星位置或相位產生時固定出現的特質，利用各種形式的語言精確表述，並歸納出關鍵詞彙以進行驗證，確認哪些用語在與個案溝通微妙的事實時最為有效，

1拉德雅（Dane Rudhyar，1895-1985）為二十世紀占星名家、人本占星學者，也是倡導超個人占星學的先驅。

便可建立起明確的理論。所以，我希望讀者能以此觀點看待這些指南，花時間熟悉它們，最終能擷取書中被證明有效的部分靈活運用。

最後，我得再次強調，占星學是一種卓越的能量語言。我無法想像有哪一種語言（或科學）能媲美它精準有效的深刻特質，例如透過太陽來顯示個人原始伏特數、基本力量和生命力調和的道理；透過月亮來顯示個人安培數、能量流動率；或從上升點領會個人導電率或電阻的象徵意義——生命力以何種方式在個體間流通並導向世界？這些由威廉．大衛生（William Davidson）博士所發展出來的電學比喻，只不過是占星學浩瀚能量語言的片段罷了。如果讀者有意從能量途徑學習占星，也體認到四元素的重要性，那麼我以多年經驗整合出的下列定義，是相當有用的參考。這些定義突顯了占星是一種心理經驗的語言，而非如傳統占星學所企圖在各種模式中，強行獲取對外在事件的描述。

元素是經驗的能量本質。

星座是主要的能量型態，指出經驗的特質。

行星調節能量的流動，代表經驗的面向。

宮位說明經驗運作的領域，特定能量在這些生命領域中能輕鬆表達，或遭遇到衝突。

相位顯示經驗的動態與強度，以及我們擁有的各種生命能量如何交融影響。

上述五項因素構成一門全面而精準的「**宇宙心理學**」；任何占星科學的建立，都必須將精微的能量法則納入考量。事實上，許多從事治療的執業者都依據能量觀點工作，而今也有不少人將占星學視為相當精準的能量語言加以應用。因此，占星師實在應該致力於研究他們一直以來所獨有的珍貴資產，也就是占星的能量範疇，讓占星學在正確的道途上永續發展。

遺憾的是，如今許多積極投入占星領域的研究者和執業者也犯了與唯物論科學家及多數醫師相同的錯誤：他們迷失在枝微末節的分析中，而忽略占星學本身所具足完整而全面的真理。我們必須謹記幾個原則：首先，「能量」是研究占星必須加以分析、理解的核心因素。其次，作為一致性原則，四元素所代表的能量是必須優先關注的基本生命動力。簡單來說，元素是能量活躍的本質，而行星則用來活化、調節能量。把焦點放在能量運作的層面，將有助占星師能更實際、準確地掌握星盤符號所象徵的內心動態。

有時占星師會保守地執著於本命盤上透露的訊息，但是我總建議他們，掌握本命盤之後，就應該拋開這個工具，利用不斷累積的經驗來修正對它的理解。占星學不是一門宗教，也並非生命追尋的方向，它的價值是作為人生成長與進化的踏腳石，讓我們產生更深刻的體悟，完成生命中的偉大目標。

第一章

占星學的關鍵時刻

占星學與其他科學之間的巨大差異，或許就在於占星學不處理事實，而處理深度。科學家自以為可倚賴的堅實基礎，在占星學中得讓位給不可估量的事物。

——亨利．米勒（Henry Miller）

為了讓新手占星學子容易理解，我似乎應簡略說明與當代占星學研究和應用直接相關的幾項議題。事實上，在尚未深入探討與當今「應用占星學」的企圖有關的哲學、科學與實務問題之前，本書或任何占星學教師都不宜貿然低估占星學的力量與深度。礙於篇幅，本書無法探究所有占星相關議題，讀者或可翻閱我在《占星學的實踐與職業》（*The Practice & Profession of Astrology*）與《木星／土星會談講稿——現代占星學新洞見》（*The Jupiter/Saturn Conference Lectures: New Insights in Modern Astrology*）二書中的討論，在此僅約略引介幾個複雜、具爭議性的問題。

從多方面來看，占星學都是獨一無二的學科，它本身具備的廣博洞察力與應用層面，使其與現今唯物論的主流看法格格不入。占星學涵蓋了科學與藝術、知識與智慧、個人內在與外在生命，事實上，它奠基於宇宙與個人之間的關聯——我們往往以「天上如是，人間亦然」（"As above, so below."）這句格言來表述大宇宙與小宇宙合一的古代信條。對多數現代人來說，這種整合式的思考聽起來頂多有幾分詩意，或許顯得有些古怪，甚至令人覺得可笑、天真、迷信，然而西方世界對於占星學形成的普遍偏見，往往是時下欠缺思考、秉持不科學態度的眾多實例之一，我們很容易不自覺地懷疑任何能反應心靈或精神真實的事物，然而，這兩者都是有史以來最強烈的人類經驗的本質。

對占星學的懷疑和抗拒，成為唯物論科學及其短視的擁護者對靈性傳統、治療藝術與哲學發出批判的一個面向，同時強烈散發出對傳統形式的心理學和個人輔導的大量敵意。遺憾的是，這種針對人類潛能與思想核心缺乏想像力的狹隘立場，已經支配了西方社會的權力中心好一段時日，包括在倫理上有義務保存與研究知識文化傳統、並強調以開放態度追求真理的學術界。間或有學者直言反對這種愚昧的風尚，葉史瓦大學（Yeshiva University）校長諾曼．拉姆（Norman Lamm）於一九八七年寫道：

> 我們必須重申靈性的存在和價值。我們的社會「必須」知道有一種更大的智慧正等待我們耐心地探詢，因為人是靈性的動物，也是生化、心理、政治、社交、法律、經濟的動物。
>
> 對推尊靈性秉持開放的態度……意味著普遍存在的「科學唯物論」及對哲學的絕望，並非唯一值得學者關注的焦點。而且，相信心靈真實和靈魂存在，也不等於宣告一個人在智能上較為低落，或是科學上的退化……這些認知應該被提升為一種知識。
>
> ——葉史屋瓦大學成立百年演說

唯物科學所助長的偏狹態度——專注於操控大自然——大大阻礙了社會的正

向發展，也造成眾人才剛意識到的全球生態浩劫。然而，正統科學僅開發了人類心智的一小部分，而另外的一大部分卻是科學分析難以深入探求的。當我們將唯物論當作通往知識的唯一道路，而且認定只有透過科學方法才能證實所謂「真實」時，已然將人類生命經驗中的許多層面草率地排除在科學範疇之外。因此，那些體驗到占星學價值的人，並不指望依循正統科學途徑來取得「證據」或他人的認同（因為所謂的「證據」永遠無法被承認），而寧可以更有效的方法確保對占星學的理解（例如，如何發揮占星學的最大效益，以及占星學適用範圍和限制為何）是清楚可靠的。

綜觀科學、醫藥、軍事戰略、政治或其他領域的歷史脈絡，我們清楚地發現，超越時代的進步觀點幾乎總會招致激烈的反對。舉例來說，物理學家浦朗克（Max Planck）就曾因其創見屢遭反對而深感挫折，他說：「新的科學真理不是靠著成功說服反對者才得以成立，而是反對真理的人終將一死，而熟悉這項真理的新世代也會長成。」這讓我不禁想起特立獨行的哲學詩人兼藝術家布雷克（William Blake）曾說：

要求取得自己無法理解的證據的人是傻瓜，
而想說服傻瓜相信的人是笨蛋。

——《天堂與地獄的聯姻》（*The Marriage of Heaven and Hell*）

讀者也許會問：「這一切和占星學有何關聯？占星學顯然不是一種新的概念？」的確，占星學並非新鮮的概念，不過作為一種現代形式的個人輔導工具，以及助人工作中的有效途徑，其發展確實可視為重大且徹底的進步。近五十年來，當代占星學歷經重新系統化整合，而成為一種能回應西方社會迫切需求的成果，並在科學、心理、治療藝術等領域作出貢獻。容格（Carl Jung）的學說常被援引來說明占星學是「涵納古代世界心理學知識的總和」。這座保存了古代智慧並讓我們掌握人類生命祕密的寶庫，如今已比照現代心理學與其他知識標準重啟研究，利用大量新的語彙和前所未有的應用方式來重新表述。

占星學目前正處於大步躍進的關鍵時刻，如果它能運用現代語言，以嶄新的觀念持續發展，極有可能在現代生活中占有一席之地，否則便可能回復到以往淪為算命工具或社交談資的地位。不幸的是，許多執業占星師似乎仍助長了這樣的形象，他們專注於預言事件——無論自稱「科學占星師」或其他更體面的頭銜。往後占星學能否跨越這道門檻，更多地取決於占星執業者與諮商師的行為、能力與專業精神。

眾所周知，那些激烈批判占星學的人之中，極少有人具備健全的倫理與科學素養，或深入研究過這門學科。他們對占星原理通常所知有限，而且幾乎完全不理解它的運作方式，因此，他們以「不科學」為前提對占星提出的反對意見，可謂毫無價值。關於特定行星的分布、周期、相位理論的重要性，西方占星傳統的追隨者已作出明確的說明，其中不少論點乃奠基於經年累月的反覆觀察。從正統科學的觀點來看，除非能進行數量相當的實驗，並以明確結論反駁這些論點，否則實在不足以證明占星傳統都是錯誤的。真正的問題其實相當單純而具體：占星學的說法有理可循嗎？除了實驗，我們該如何檢驗這些說法？什麼樣的實驗可以有效且適當地檢驗占星原理，並令人信服？我的結論是：只有經驗證據能符合上述需求，而且也只有在臨床情境下以真實個案為實驗對象，才能完全展現占星學在輔導、諮商與心理治療上的價值和效用。

那些絲毫不願假設占星學或許真有某些根據的「科學家」，往往抱持這麼一個反對的理由：占星從業人員無法說明任何行星藉以發揮影響力的「因果關係機制」。撇開是否應在有限因果關係的架構內思考，要駁斥這個理由最好的方式就如加州大學醫學院齊格爾彭（Jacob Zighelboim）博士所言——縱觀科學史，「最難以定義的東西正是機制。」[1] 全世界各種切實可行的科學原理、精密技術、醫學藥物，都是在完全不瞭解它們如何運作的情況下，依循慣例加以運用的。數十年來，心理玄學（parapsychology）的發展遵循嚴格的條件，並於正統科學實驗範疇內所進行的研究，至今仍無法說明可能與有各種靈異現象有關的「機制」。

1 加州聖馬刁市（San Mateo）於一九八八年四月舉辦「順勢療法：二十一世紀的醫學」（Homeopathy: Medicine for the 21st Century）會議中的發表內容。

這類研究經驗很能視為一種跡證，說明正統的實驗方法可能完全不適用於占星學研究，或其他涉及深層心智的現象和技術。可是，難道只因某些事物不易量測，就代表它不存在、也不重要？

唯物論科學的困境在於統計、測量，以及對細節進行無止盡的精密分析，如今拜電腦化所賜，這一切變得更加容易和瑣碎。正如全球頂尖的過敏疾病專家藍道夫（Theron Randolph）博士在《人類生態研究基金會學報》（*Bulletin of the Human Ecology Research Foundation*）中所言：「統計學方法、電腦化、資料檢索系統有助於分析與碎裂化，但卻犧牲掉綜合性和整體性。」藍道夫指出，這些風尚使得醫學和醫療診斷變得愈來愈著重分析，因而沒察覺病患生活處境中更大的問題。我認為這是應當留意的警訊，因為目前的占星學正出現類似的趨勢，也產生了同樣受到限制的結果。

時至今日，占星學的統計研究幾乎普遍不得要領。雖然有些研究已建立積極的成果，如傑夫．梅歐（Jeff Mayo）將太陽星座與外向或內向性格互為關聯，或知名的高奎林（Michel Gauquelin）研究顯示各種職業與行星位置之間存在著明確的模式，但整體而言卻如道瓊．歐文（Dow-Jones Irwin）所指出的，欲利用統計方法來發現存在於資料中的明確型態，最大的漏洞在於：「如果你不知道要從什麼地方去找某個東西，那麼你很可能根本找不到它！」因此，那些對占星學的複雜特質一無所知的人，當他們運用統計學的方法來研究占星時，通常無法發現重要成果，這又有什麼好令人訝異的呢？

更有甚者，縱使統計學方法有其限制，但是以占星學和自然療法的領域所獲得的臨床與經驗觀察數量之龐大，即便從統計學角度所得到的推論，也已經具備實質意義，但是卻往往被駁斥為「趣聞軼事」，而非可靠的資訊。

> 對於這類草率的批評，發生在老鼠研究上可以說合乎科學，但將發生在人身上的事當作軼聞資訊是怎麼回事？老鼠無法告訴科學家或醫師牠的感覺，牠死掉的身體組織只能提供牠發生了什麼事的證據……至於人類，發生在他們心裡的感覺和其他感官的事卻是**真實的**，這些經驗

的陳述應該被記錄下來……不採信站得住腳的資訊而將之視為「趣聞軼事」，這種態度是不科學的。

——《健保權利倡議》（*Healthcare Rights Advocate*）

占星作家暨哲學家拉德雅說明，當占星執業者運用時下流行的科學方法與標準時，就像落入一個陷阱，其中的風險在於：

現今有些占星師致力於利用官方「知識工廠」（亦即大學）所推崇的統計方法與其他分析工具，將占星學提升到可被接受的「科學」層次，然而這並非建設性的作法，也無法解決占星諮商師在處理個案時所面臨的問題，而最終將導致諮商的效果不彰。諮商若要真正生效，它必須建立在一種人對人的關係之上，況且科學無法處理個別情況，只能處理統計的平均值。科學無法處理人類的價值標準，但人們卻選擇向占星諮商師尋求協助——不管是無意識地尋求解答，或是有意識受到好奇心的驅使。人們帶著獨特的個人「自我感」前來求助，即使他們所陳述的問題似乎是許多人會遭遇到的共同困境，但是這種自我感正是諮商師必須處理的。因為我們的存在就是我們自身最基本的問題，而占星學應該幫助我們客觀而沉著地處理這些議題。

——《占星學與現代心靈》（*Astrology & the Modern Psyche*）

事實上，哲學與占星學所蘊含的真理中包含了一種與唯物論不太相容的世界觀，任何浸淫於占星學教育或研究者都必須留意這點，不要只為了虛榮的認同或渴望受到尊敬，而設法將占星與其他學科達成強迫性「整合」。我們不妨釐清占星學特有的優勢，並深刻定義其原則和應用方式，這樣才能精進研究成果。在任何一種治療、助人的職業或心理學方法中，唯一真正重要的檢驗，就是確認所使用的方法是否徹底而務實，以及能夠評估在人們生活與個人經驗中所產生的結果。

占星作為一門專業科學的未來

占星學為什麼可以被視為一門科學？[2] 整體而言，因為它包含一套透過經驗觀察和累積而成的原理法則，而且這些法則經過長期的反覆驗證，絕大多數都是可靠的材料。不能因為前輩學者試圖在浩瀚文獻中挖掘出未必經常可行的理論，或闡釋某些事實無法驗證的概念，就表示我們得全然摒棄整個占星學傳統。每種科學都會持續成長和進展，所有的理論總是必須不斷更新，或隨時間淘汰、修正或融入更完善的架構中，占星學也不例外。

具體而言，我認為當代的占星心理學可以合理地被視為「宇宙心理學」的一環。事實上，本書嘗試為這門學科定義基本的認知和操作方向。一旦以精確的語言來詮釋占星學基本原理，並真正認知到它們在心理層次所代表的意涵，那麼占星學就會比正統心理學（至今仍不斷翻新）的理論與思考方式，更能描述個人內心的傾向和人性的祕密。

現代心理學在探討人類內心驅力和動機時，在許多層面必須仰賴假設，而且經常將一切歸因於「遺傳與環境因素」等難以解釋的影響，最後產生的論點往往淪為個人觀點、經驗、偏見。占星學則以繽紛的色彩在巨大的天空畫布上描繪出人性圖象，而且進一步具體說明人類的巨大潛能。它奠基於長期以來對無數案例的觀察，只要正確的理解和應用，作為一門「心理科學」，絕對是實至名歸的。所謂「正確的理解」，是指誠實地辨識並承認占星學傳統的應用領域中不夠可靠的部分。

心理學最終需要一種宇宙性的架構來處理能量——使宇宙之子（我們每個人）生氣蓬勃的各種力量——的議題。當人類被置於宇宙大框架時，占星學擁有一種獨特的能力，能使人的意識與本質重新協調，並促成深刻的自我認知。就我

2參閱阿若優《占星學的實踐與職業》，書中對於科學的定義，以及占星學何以合乎科學原則等議題有廣泛的探討。

所知，沒有任何理論或技巧能如此簡明地闡述人類動機、個人意識或經驗本質，而占星學就足以說明在個人體內運作的宇宙因素和生命能量。

倘若占星學確實是一門深奧且獨特的心理科學，那麼，我們或許想知道如何有效將占星學引介到社會中。在目前這個「占星師」角色不斷遭受揶揄和排斥的社會環境中，除了少數為謀利而以聳動方式炒作占星學的媒體寵兒之外，占星師不但不受尊重，所獲得的金錢報酬更是極為有限。在此我特別提出一個新鮮的概念，以思考從占星發展出更多專業領域的可能。

占星學除了可以作為個人瞭解自我及調整生命節奏的工具，多年來，我認為占星學最大的力量與治療潛力就存在於**一對一的諮商環境**中。我毫不懷疑占星的準確性和效用最能在對話情境中顯露出來，遠超過本人在場或不在場的「解讀」。因此，我思忖著未來占星學有無可能發展出「占星諮商師」或「臨床占星師」這類工作？我相信占星學若能建立可被接受的統一標準和明確效益，這個願景便有可能實現。這當然需要花上許多時間，而且回饋可能來得相當緩慢，因為反對占星學的既有偏見是如此強烈。然而，如果不讓學有專精的占星業者有機會從事社會所接受的職業，賺取合理生計，那麼占星學如何吸引有志之士繼續鑽研，又如何留住那些願意致力於提供專業占星服務的人才？

編按：阿若優於一九八九年撰作此書，當時電腦占星風潮盛行，坊間無不充斥浮濫膚淺的占星預測。阿若優闡釋占星與心理學的科學性關聯，並致力於推廣「占星諮商師」概念與教育，在當時誠屬革命性的見解。時至今日，占星學已有長足進展。運用占星臨床諮商的概念漸趨成熟，占星師也已取得專業地位。回顧本文，阿若優以高遠的識見，實無愧於當代心理占星學派的宗師與推手。

第二章

如何使用本書

琢磨字句是無庸置疑的，但也要留意這些字句背後代表的意義；發現它之後，要像篩選穀粒般，將文字當成糠殼篩除。研究（靈性）科學時，務求掌握內在的含義，然後便可拋棄書本。

——《奧義書》（*Upanishad*）

本書並不試圖概括本命盤上所有元素的可能意義，也無意傳授速成知識，或發表新巧怪異的論點。為了迎合大眾與媒體追求聳動的效果，占星學最大的優勢被無端遮蔽了。然而，嘩眾取寵原非這門精湛深奧的科學應該發揮的成效，我鼓勵占星執業者、教師或學子能深刻地反思，將本書視為詮釋本命盤的實用指南，純粹提供可檢視、驗證的占星原理和理解方向，並從本命盤所象徵的情境中發掘出更多意義。

「**指南**」是全書的關鍵精神，它引導讀者前往某處達成目標。本書目的就是讓讀者對星盤和個人有深刻的體悟，最終掌握占星學的意義。讀者不妨將本書當作一個跳板，將之應用在個人自省或與他人進行內在對話，詮釋深刻的人格動力，如此才能培養更開闊的眼界；如果只是被動地使用本書，將無法領會占星的真正價值。

透過理解星盤上元素的意義來為自己或他人尋求改變，使深層的自我認知、微妙的心理狀態，以及常被忽略的內在需求達成和諧的狀態，從而發展出著重個人生命意義的占星學，這樣的立論基礎遠比參考大量書籍或電腦程式所產生的描述來得更加有效，否則僵化的條文只能說明粗糙的表象，無法突顯個別差異，對案主也不會產生實質性的影響。

如前所述，從事占星工作時，我們必須專注於內在經驗，才能達成較高的準確性。我常告誡學生，不要因為占星是一門宇宙科學，就認定它能解釋一切——這種錯誤的假定常見於執業占星師，以及熱中占星的生手。以為占星學的真理可以無限延伸，而且應用在各方面都會準確，不啻為一種謬見，尤其近年來，許多占星師忍不住為本命盤添加更多因素以填滿詮釋的缺口，因為他們冀望占星能說明生命的每個環節。這當然是徒勞無功的努力，因為生命經驗是內在能量與外在條件變化無窮的共舞，而自我與靈魂向來能超越各種解讀心智的技巧，因此，這正是我僅提供「指南」來指引方向的原因。我無法宣稱這些指南或詮釋是**定論**，或能構成**全面性的解釋**，人類生命中從來沒有什麼事物是永遠保持完整的，每件事物都不停在變化。

占星學無法解釋一切，我們若想追求宇宙最終的答案，必須求助宗教、哲學或玄學。然而儘管如此，占星題確實能提供許多啟發，照亮人性的複雜面向與黑暗角落。不過，也只有當占星師能對準它的光芒時，這道光芒才能提供照明，否則再強烈的光源也會逸散而微弱。如果占星師不是一面清澈敏銳的透鏡，那麼這個擁有超級象徵系統的宇宙語言所能反映的光，便很容易被扭曲變形或黯然失色。

我假設本書的讀者已經一定程度地熟悉傳統占星的基礎知識，也擁有自己的本命盤，而且能指認行星落入哪些星座與宮位[1]。我建議新手學生除了應該廣泛閱讀占星文獻[2]，也應盡可能多練習製作星盤並開放討論，在運用這些指南時勇敢坦承困惑之處，唯有多次嘗試錯誤的占星實驗，勇於共同探索生命的主題，占星語言才會變得靈活生動。

為了有效使用本書，讀者應該審慎評估這些詮釋的準確性，無論它們是正面或負面的陳述。（畢竟占星業者不應刻意奉承案主！）已涉獵市面上參考書的讀者會發現，許多占星作家落入「非東即西」的敘述陷阱，因為比起處理生命底層錯綜複雜的能量運作，片面的思考或寫作顯然較為輕鬆，也讓人容易接受——我自己都曾在寫作中落入這個陷阱。但是，倘若生命就是如此簡單，那麼從事占星工作和理解占星學也不至於這麼辛苦了。

事實上，生命中正向與負向事物往往交替出現，在每個人的性格紋理中以獨特方式交織在一起，以致於我們很難將所有線股解開，讓分析工作變得容易些。我們應務實地假定多數人都具備正面與負面特質、各種傾向的組合與廣泛的心理動機。而且多數情況下，某人看似負面的特質出現在另一個人身上時，或許能成為優秀的特質。舉例來說，也許有人鄙視牡羊人缺乏耐性和暴躁的脾性，但有人

---

1 編註：為了實際運用本指南，建議讀者最好能擁有一張自己的本命盤。除了可以利用 Winstar、Solar fire 等專業星盤軟體繪製星盤外，也可利用網路上許多免費星盤程式來製作個人星盤。一般來說，只需在線上欄位輸入出生日期與時間以及約略出生地，便能完成一張星盤的製作。以下提供幾個免費星盤網站，供讀者參考：

www.astro.com

http://www.horoscope.com/

http://astrodoor.cc/horoscope.jsp

http://tw.xingbar.com/cgi-bin/v5show_page?f=show_sample&p=G111&pv=headL1

http://destiny.xfiles.to/app/astrology/astrolog?3

2 選擇參考書單的標準，是能夠以「你的語言」表達的論述，我會推薦拉德雅、霍恩（Margaret Hone）與卡特（Charles Carter）等占星巨擘的著作，以及其他擅長以現代語言論述心理占星學的作品。初學者可以閱讀我的前作《占星學、心理學與四元素》與《占星、業力與轉化》。另外，我也推薦由摩爾（Marcia Moore）與道格拉斯（Mark Douglas）合著的《占星學：神性的科學》（*Astrology: The Divine Science*）一書作為參考。

可能十分欣賞牡羊人行動導向的性格和直言不諱的坦率。換言之，占星學的詮釋並非建立在黑白分明的簡單判斷上，它是精微的能量科學，包含無窮的明暗變化與組合。不同於正統心理學的**人格理論**，占星學涵蓋無數細微的性格特質與人類與生俱來的創造潛能，正如心理學家梅茨納（Ralph Metzner）博士所言：

> 身兼心理學家與精神治療醫師，我向來對占星這個難解又迷人的學科感興趣。占星學中所運用的心理類型和診斷評估法則，以分析的複雜性與精密度而言，遠超過任何系統……占星學的分析架構——黃道帶「星座」「宮位」「相位」，這三種互相連結的象徵系統或許比現有心理學常用的類型、特質、動機、需求、因素或等級系統，更適用於人性複雜且多變的本質。
>
> ——《占星學：有潛力的科學與直覺的藝術》（*Astrology: Potential Science & Intuitive Art*）

即使只是一張本命盤衍生的眾多議題，也往往令初窺堂奧的占星學子感到困惑。他們會問：「我該注意什麼？」或是「在時間有限的諮商過程中，我該著重解釋什麼？」這些都是值得關注的重點，然而現今的占星學文獻只能提供非常有限的零星說法。我已嘗試針對這些問題提出說明，而本書內容主要在反映構成本命盤的各種要素的重要性。

本書重點放在對**四元素**的強調，以及對**個人行星**座落的元素與星座的詮釋。外行星（天王星、海王星、冥王星）並非本書的討論對象，除非它們對個人發揮強烈的影響，例如它們與個人行星形成相位或落入重點宮位。我見過太多初學者過度在意天王星落入的星座，甚至強調兩顆外行星間的相位，卻不知外行星因為運行緩慢，所以數十年內出生的人都擁有相同的外行星相位，所以這個因素對個人幾乎不會造成影響，除非外行星與個人行星或上升點合相。研究占星應將關注的焦點放在個人行星（太陽、月亮、水星、金星、火星）和上升點，然後才考慮會渲染或調節這些主因的其他元素。

舉例來說，如果海王星與上升點或下降點合相，那麼海王星就會成為性格與能量場中的重要因素。這並非因為它所在的星座很重要，而是因為它與星盤的主要焦點和整體結構互動的方式極具意義。又例如，一個人的天王星或冥王星與太陽形成緊密相位，那麼他就能發揮強烈的天王星或冥王星效應。這並非緣於那些遙遠行星所座落的位置，而是視太陽與這些外行星角度的緊密程度，來決定能量振動的強度。

有鑑於個人行星的重要性，本書以大量篇幅逐條說明個人行星的詮釋，使讀者瞭解這它們落入各星座的意涵。為了突顯能量途徑，本書也特別闡釋星座與行星位置的意義。我相信善用上述線索，就能做出準確性極高的星盤解讀。

接下來的論述重點是上升點。本書不僅條列各行星落入星座時的關鍵概念，也示範如何區分同一個星座作為太陽星座與作為上升星座時所出現的不同表現。當一個星座成為我們的上升星座或太陽星座時，其間的差異不勝枚舉，我以多年的經驗歸納出明確的意義，希望有助於解釋這個占星上常見的困惑。

在宮位的章節，我以全面性的角度來闡釋宮位的意義，這些說明讓占星學子可以「接通」某些星盤細節，再將各種詮釋順利運用在個人覺察或諮商對話中。不過我更鼓勵讀者獨立思考，用心探究特定行星／宮位組合所象徵內在與外在生命的無限可能，而非拘泥於指南條文。

在相位章節中，我將處於特定角度的行星視為判斷重點，而非關切相位的角度為何。傳統占星習慣將各種相位分類，結果造成長久以來無法擺脫的狹隘觀念，例如認為所有四分相都是「壞的」或「困難」相位，而所有三分相都是「好的」或「輕鬆」相位。我認為更重要的應該是觀察涉及某相位的行星如何在所落入的星座中交互運作，以及某特定相位如何融入星盤的整體結構。

至於提問「我應該注意到哪些重點」的讀者，我的建議是：即使你只掌握了星盤的一小部分資訊，只要依據這些理解繼續探索，就能一步步深入瞭解星盤其他部分的結構和課題。你毋須交出一份「完整的星盤詮釋」，因為這是不可能的事，與其迷失在星盤的無數細節，不如專注於個人特質和生命中意義重大的部分。只有經由案主親身印證，這個本命盤才可能被徹底理解，而所謂完整的星盤詮釋也僅止於揭露、體會，以及更全面理解案主的整體生活與複雜性格。

最後我要說明的是，占星學的傳授有一定的限度。從正確的占星知識著手，提供精準有效的占星服務當然是首要的目標，不過理解原理和掌握可靠的詮釋之後，占星師的重要性便勝過占星學本身了。占星學的應用是一門藝術，端看藝術家如何發揮微妙的功效。問題於是變成：你是什麼樣的藝術家？你是不是一面清澈的透鏡，能清楚反映或聚焦宇宙的因素？因此，占星師的自我發展、信念和敏感度都十分重要，它們決定了每位占星師的藝術成就。

此外，你接受哪一種占星理論仍然是個重點（儘管某些「立場開放」的占星師不這麼認為）。正如愛因斯坦所言：「理論決定了我們所能觀察到的事物。」如果你希望在占星工作中收穫清晰的觀點和堅實的基礎，定義自己使用的占星原理、基礎脈絡和方法，都是有意義的。此外，自身能發揮的程度也值得關注，它決定你可以在怎樣的高度上理解人與生命。畢竟，理解力受限於個人覺知（或靈魂進化的程度），因此我們終究必須回歸內在生命的發展，這不僅是深刻理解和有效運用占星的唯一方法，也是邁向靈魂進化的唯一方法。

關鍵概念與定義

掌握以下的定義，是全面理解占星學的關鍵：

元素是經驗的能量本質。

星座是主要的能量型態，指出經驗的特質。

行星調節能量的流動，代表經驗的面向。

宮位說明經驗運作的領域，特定能量在這個領域中能夠輕鬆流動，或產生衝突。

相位顯示經驗的動態與強度，以及生命中的各種能量如何交互影響。

以上構成宇宙心理學的五個因素衍生出一系列的能量語言。它們以這種方式結合：（由某顆行星代表的）特定能量總是受到本命盤中這顆行星所在星座的特質所影響，這種結合造成內在的心理動能，並定義出個人的情感衝突與心理需求。行星落入宮位，代表個人的能量會直接投射在這個特定的生命領域或經驗層面。有某種行星／星座組合的人，通常會表現出這些經驗面向的驅力，而行星之間的相位則透露出這個人是否能輕鬆地展現能量，或滿足內在需求。

第三章

四元素與十二星座

四元素是構成宇宙萬物的普遍生命力（或能量）。本命盤中的四元素說明某生命領域中的活動，以及特定生命經驗的動能，這些元素並非化學分子——實際上，它完全超越了化學的範疇。本命盤是依據每個人出生時吸入第一口氣的時間而確定的，我們在這個瞬間，與宇宙能量的源頭建立起終生的對應關係。因此本命盤透露出我們自身的能量型態，或與四元素是否調和的宇宙能量。換言之，星盤象徵在這種創造層次上，揭露出包含個人表現方式在內的各種振動類型。

在占星學上，火、土、風、水四元素代表人體內運作的基本能量和意識類型，每個人都有覺知地與某類能量較為協調。四元素分別以創始、固定、變動等三種振動模式顯現，當四個元素結合三種模式，便構成十二種主要的能量型態，我們稱之為黃道十二星座。要瞭解這些能量型態，必須就其模式加以分析。**創始星座**與行動法則有關，象徵能量遵循明確的方向運行。**固定星座**代表集中的能量朝某個中心點聚集，或從中心點向外輻射發散。**變動星座**與持續改變的靈活性有關，可以理解為迴旋型的能量型態。

星盤中被突顯的星座元素（藉由行星落入哪個星座來呈現），則代表與個人契合的特定意識類型和覺知方式。

風象星座與心智、覺知、表達有關，尤其關係到人際互動、幾何形式的思考與抽象概念。

火象星座表現溫暖、煥發、能量充沛的生命法則，顯化為熱忱、信仰、激勵、自我表現的驅力。

水象星座象徵冷靜、療癒的敏感性原則、情感回應，以及對他人的同理心。

土象星座顯露與物質世界的協調感，以及運用並改善物質世界的務實能力。

傳統上四元素被區分為兩類，火象和風象被認為是主動和善於表現自我，而水象和土象星座被認為是被動和善於接納，而且自我壓抑的，這種區分方式在看待整體本命盤時極為重要。四元素道出能量運作與自我表現模式，而非描述一種概括性的特質，也無法隨意、僵化地適用於所有的人格類型。

舉例來說，水象和土象星座比火象和風象星座更加自我克制，他們活在自己的世界中，若未經謹慎思索，就不允許自己向外投射出基本能量，當然，這也為他們建立起堅實的行動基礎。火象和風象星座比較擅於表現自己，他們總是顯得性格外放，毫不保留地傾瀉生命能量和活力（有時甚至不在乎任何限制）——火象星座透過直接的行動展現能量，而風象星座則透過社交互動和言語展現能量。依據這種元素分類法，相同元素的星座（如牡羊座、獅子座、射手座都屬火象）和同一類元素（如金牛座與雙魚座是土與水）被認為大致「相容」的事實，在詮釋個人星盤或比較不同的星盤時都極為重要。

同屬某種元素的星座都會表現出該種元素的能量，只是能量的層次和發展會有所差異。

火象星座：牡羊座、獅子座、射手座

火象星座表達激昂又熱烈的能量，以它向外發散的光芒替世界增添了無限的色彩。火象星座體現積極進取的精神、高度的自信心、充沛的活力，以及直言不諱的坦率與誠實。

關鍵概念：煥發的能量、自信與進取心

關鍵詞：

• 勇往直前的衝動　• 昂揚的精神　• 熱忱　• 力量
• 誠實坦率　• 外向　• 直率的表現
• 受引導的意志力和領導力　• 情感外露　• 缺乏耐性

風象星座：雙子座、天秤座、寶瓶座

風象星座表現出與氣息或瑜珈所謂的「氣」（prana）有關的生命能量。風的領域是原型觀念的世界，不受限於物質法則，宇宙能量在風元素中落實成具體的思維模式。風象人具有將自我與日常經驗分離的心理需求，從而獲得客觀性、洞察力，以及用理性的態度來面對他們所做的每件事。

關鍵概念：心智的感覺、覺察力與表達

關鍵詞：

•重視心智的生活　•形象化　•理性化　•超然觀點　•洞察力
•渴望理解　•用言語表達　•對關係與社交的需求　•愛說話、好奇的
•視他人為獨立的個體　•重視概念與原則

水象星座：巨蟹座、天蠍座、雙魚座

水象星座與自身情感有緊密的連結，能感受他人未曾注意到的細節與差異。水元素體現出深刻的情感與回應方式，包含衝動的熱情、強烈的恐懼、無所不包的接納性，以及對創造的喜愛。水象人本能地知道若要滿足靈魂深處的渴望，他們必須保護自己不受外界影響，確保內心擁有必要的平靜，以獲得深刻的反省和精微的覺知。

關鍵概念：深刻的情感、同理心

關鍵詞：

•敏感性　•感性的回應　•瞭解無意識的真實性或真實性的無意識面

- 直覺　•純淨化　•對超自然的敏感性　•深刻的反省
- 習慣性的保密、需要隱私　•同情與服務的能力　•需要與他人情感交流

土象星座：金牛座、處女座、摩羯座

土象星座非常仰賴官能感受和務實的理智。土象人天生能理解物質世界的運作方式，因此他們比其他星座多了一點耐心和自律。土元素具有謹慎、未雨綢繆、傳統守舊的傾向，而且通常是可信賴的。瞭解自身在世界上的適當地位對土象人來說尤其重要，因為安全感是他們一生追求的目標。

關鍵概念：善用物質資源的務實能力

關鍵詞：

- 適應物質世界　•注重官能感覺　•講求實際　•耐心　•自律
- 堅持　•謹慎　•可信賴的　•未雨綢繆　•傳統與守舊

第四章

行星

行星的關鍵概念

	本質	代表驅力	象徵需求
太陽	生命力；個人獨特性；創造力；光明的內在自我（靈魂的調和）；核心價值	自我存在與創造性	獲得賞識的渴望；展現自我的需求
月亮	回應；潛意識傾向；對自我的感覺（內在的自我形象）；受制約的反應	追求心理的支持、家庭生活、安全感、情感保障	保持情緒平穩；尋求歸屬感；對良好自我感的需求
水星	溝通；有意識的心智能力（邏輯或理性）	透過技能或言語表達意見與展現才智	建立關係的需求；學習的需求
金星	受情感影響的價值觀；透過施與受的方式交換能量；分享	對社交與愛的驅力；表達情感；追求享樂	與人親近的需求；追求舒適與和諧感；付出情感的需求

火星	欲望；行動的意志力；主動性；肉體能量；衝勁	自我確立；性驅力；採取行動的驅力	達成欲望、獲得肉體滿足與性刺激的需求
木星	擴張；恩賜	與宇宙秩序或比自己更宏大的事物連結的驅力	信仰、信任生命與自我；追求自我提升
土星	收縮；辛勞	維護自我結構與保全自我的驅力；透過具體成就獲得安全感	取得社會認同的需求；倚賴自身資源，建立成就的需求
天王星	個人主義的自由；獨立自主	分化、原創性的驅力；獨立於傳統之外的驅力；對改變、刺激的渴望	不受限制地表現自我
海王星	超驗的自由；一體性；擺脫自我	逃避自我與物質限制的驅力	體驗生命的完整性，與世界融為一體的需求

冥王星	轉化；改變；汰換	徹底重生的驅力；洞穿事物的核心經驗	轉化的需求；經歷痛苦以擺脫老舊的制約

行星特質的正負面表現

每顆行星的本質都能以正面且富創意的方式展現，也能以負面或與自我毀滅的展現，換句話說，我們與每種經驗的對應方式若是與宇宙法則一致，那我們就能妥善地運用內在驅力來應付外界事物；如果處於衝突的狀態，那麼能量就會被錯誤地濫用。我們可以藉由分析行星的相位，來瞭解內在能量是否能和諧地對應外在事物。

	正向表現	負向表現
太陽	精神昂揚；展現自我；散發愛與創造性	驕傲、自大；過度渴望與眾不同

月亮	易感、善於回應；內在的滿足；流動、順應環境的自我感	過度敏感；缺乏安全感；不正確且受壓抑的自我
水星	有創意地運用能力或智力；藉由推理或辨識力達成目標；透過客觀的理解力和清晰的言語來溝通、協議	濫用能力或自作聰明；是非不分；將所作所為合理化；堅持己見；單向溝通
金星	愛；懂得施與受的道理；願意分享；慷慨	自我耽溺；貪婪；情感的索求；壓抑情感
火星	富有勇氣；開創性；實踐目標的意志力	缺乏耐性；任性；暴力；不當揮霍能量；脅迫
木星	信任；依循更高的力量或法則行事；敞開心胸接受恩賜；樂觀積極；以開放的態度自我提升	過於自信；怠惰；能量分散；推卸責任；自我膨脹；輕易付出承諾

土星	有紀律的努力；承擔責任義務；有耐性；組織力；可靠	過度仰賴自己或缺乏信心；自我設限；僵固與冷漠；自我防衛；壓抑；恐懼；負面思考
天王星	服膺真理；原創性；發明的才能；實驗精神；尊重個人自由	任性；急躁；缺乏耐性；追求刺激；隨意的改變；叛逆；極端；激進
海王星	與宇宙精神和諧一致；深入經驗的靈性層面；廣泛包容的同情心；活出理想	逃避現實；規避責任；無視靈魂底層的需求；無法誠實面對內在欲望；吝於承諾
冥王星	將意志與心智運用在自我轉化；面對潛藏的欲望，並透過驅力和體驗來轉化欲望	展露潛意識的衝動；無情、專制地操控他人，以滿足自身需求。竭盡所能逃避面對自我的痛苦；迷戀權力

蘊藏各種元素的行星

太陽

在論及個人的整體心理狀態時，太陽落入星座的元素通常是主要的考量。因為這個元素代表每個人基本的生命力、身分意識、自我投射，以及性格中的基本特質。同時，它也顯示我們所認定的「真實」，因為這決定了能量集中的方式。

舉例來說，風象星座（雙子、天秤、寶瓶座）生活在抽象思考的領域，對他們來說，每個想法都像有形物質一般真實。水象星座（巨蟹、天蠍、雙魚座）活在自己的感覺之中，他們的情緒狀態比任何事物更能決定他們的行為。火象星座（牡羊、獅子、射手座）生活在高度亢奮、備受激勵的狀態中，維持這種存在感是火象星座保持健康快樂的重要因素。土象星座（金牛、處女、摩羯座）根植於物質性的真實；物質及安全感和成就的建立，遠比其他事物更能激發他們的行為。太陽星座的元素透露出我們行為的內在驅力，也能說明我們如何看待生命本身，以及對生命抱持怎樣的期待。

以能量的角度來說，太陽星座的元素代表必須經常被供給或補充的能量類型，確保我們的能量不致耗竭。換句話說，太陽星座的元素是我們要保持生氣蓬勃所需的燃料。它使我們恢復活力，讓我們能應付日常生活的壓力和需求。

太陽落入火象星座：

- 展現精神性和理想性的能量本質。
- 藉由展現自我、付出體力的活動，以及追求理想來補充能量。

太陽落入土象星座：

- 展現具有物質需求和實用性的能量本質。
- 藉由在物質世界努力奮鬥、維持生產力，以及獲得感官滿足來補充能量。

太陽落入風象星座：

- 展現心智能力與社會理想的能量本質。

- 透過社交活動和心智刺激來補充能量。

太陽落入水象星座：

- 展現深刻情感與深沉欲望的能量本質。
- 透過強烈的情感經驗和親密的人際關係來補充能量。

月亮

月亮落入的星座元素代表源於過往的經驗，如今不自覺顯現出來對應外界的方式，這是我們為了獲得內在的安全與自在而衍生的生存模式。這種表現模式可以讓我們自我感覺良好，同時安定自我深層的人格驅力。

月亮星座的元素也顯示我們如何本能地對經驗作出反應，或以哪種能量調節自我，以順應生命的流動。

月亮落入火象星座：

- 以直接的行動力和熱情，回應持續變動的外界經驗。
- 展現出自信與力量時，會感覺到舒適自在。

月亮落入土象星座：

- 以穩健、堅定的方式，回應持續變動的外界經驗。
- 擁有生產力，或是為了某個明確目標努力時，會感覺到舒適自在。

月亮落入風象星座：

- 以深思熟慮和客觀思考的態度，回應持續變動的外界經驗。
- 在表達想法和建立人際互動時，會感覺到舒適自在。

月亮落入水象星座：

- 以敏銳的感受力和深刻的情感，回應持續變動的外界經驗。
- 能深刻精微地洞察事物核心，會感覺到舒適自在。

水星

水星落入星座的元素代表影響我們思考方式的能量類型，以及我們如何順應特定的振動來傳達想法。水星的能量象徵我們建立人際關係，並設法達成互相理解的需求，也有助於各種形式的溝通協調，甚至包括神經系統方面的協調。本命盤中的水星星座元素代表智能的匯入（透過覺知）與流出（透過言辭和技藝），因此我們會希望獲得與自身想法類似的人的理解，並藉由吸納想法和訊息來達到學習需求。

水星落入火象星座：

- 思維方式受到個人抱負、信念、希望、未來展望的影響。
- 以衝動、情感外顯、熱烈或衝動的態度展現言辭和技藝。

水星落入土象星座：

- 思維方式較為務實，並帶有傳統保守的色彩。

- 以堅持不懈、耐力十足、謹慎的方式展現言辭和技藝。

水星落入水象星座：

- 思維方式受到深刻情感和欲望的影響。
- 以敏銳、善感、深刻、直覺的態度展現言辭和技藝。

水星落入風象星座：

- 將思維視為真實存在的事物，思考方式受到抽象理念與社交因素的影響。
- 秉持著對原理原則的掌握，以客觀明確的方式展現言辭和技藝。

金星

如同水星，金星也代表能量的匯入與流出，而金星星座的元素顯露出我們與他人之間建立的愛和情感，以及官能享受的施予和接受。它說明我們展現關懷、表達感覺的方式——這是金星運作時能量流出的層面。而至於能量的匯入，則象徵與人建立親密關係的需求，以及感受被愛、被欣賞等方式，能量的匯入與流出同等重要。

女性的金星元素與女性意識有關，為了表現女人味，她會展現出金星落入星座的特質。金星星座也顯示女性在愛與性中如何接受與付出。相較於男性，女性的金星通常是更明顯的性指標，我們可以藉此看出這個女性如何建立最終可能發生性行為的關係，以及較不那麼親密的社交關係。

對男性而言，金星與戀情、美感及吸引他的形象有關。金星描述在情慾、外貌上能吸引男性，並激發男性感覺的女性類型[1]，同時也和男性對於愛、性、關係的理想典範有關。然而，金星通常不特別與性產生直接的關聯，因為火星才比較是屬於男性的性能量象徵。不過就女性而言，金星和火星能量都是性愛中的重要成分，兩者緊密結合，相較於大多數男性，女性的金星和火星能量通常較難分別運作。

金星落入火象星座：

- 以充滿活力、直接、誇張的方式表現情感和喜好。
- 透過共同從事活動、分享彼此的抱負和熱情，以展現愛與建立親密感。

金星落入土象星座：

- 以物質形式為基礎，具體、務實地表現情感和喜好。
- 藉由付出承諾、與對方共同生活，以及享受性的歡愉並分擔責任義務，來展現愛與建立親密感。

金星落入風象星座：

- 透過頻繁的心智溝通與建立夥伴關係表現情感和喜好。

1 金星能激發情慾和官能上的浪漫感。而男性星盤中的月亮，則代表不同於友誼層面的吸引力，或在其他方面（如對安全感、支持、滋養與整體回應的需求）能激發他感覺的女性類型。

- 藉由聊天和對話產生心智的交集，並參與雙方都樂在其中的社交，以展現愛與建立親密感。

金星落入水象星座：

- 以充滿感性和同理心的態度表現出情感和喜好。
- 在細微的層次上交流敏銳的心思和感覺，藉由與對方深刻的融和來展現愛與建立親密感。

火星

火星落入的星座元素顯示出這類型的經驗最能激發身體能量，而我們也會靠著這股驅力來確立自我。這種元素代表我們用來滿足肉體興奮所需的能量類型，也可作為發展個性以證明自我的一種表現。火星描述我們為了達成欲望所採取的具體方式：落入風象星座的火星會藉由說話技巧，落入火象星座的火星是利用力量和積極的行動，落入土象星座的火星藉由耐心和效率，而落入水象的火星則靠著直覺、靈活調整、不屈不撓的堅持來達成目標。

對男性來說，火星顯示他如何強而有力、自信地在性慾上展現自我，也代表他在性關係中釋放能量，以及在領導與行動上展現男子氣概的方式。因此，火星關乎他的「男性自我」。而在女性星盤中，火星代表她內心強大的男性形象；火星與營造浪漫氣氛的形象密切相關，這種形象會激發她自身的能量，並幫助她展現自我。火星落入的星座和相位往往是女性認定哪種類型的男性具有肉體吸引力的關鍵。

火星落入火象星座：

- 採取強而有力的具體行動、發揮主動積極的性格，以向外發散的能量來確立自我。
- 展現自信，持續從事有活力的行動能激發肉體能量。

火星落入土象星座：

- 以耐心和毅力獲取具體的成就來確立自我。
- 努力工作、自我控制、面對挑戰、承擔責任能激發肉體能量。

火星落入風象星座：

- 藉由表達想法、主動溝通、發揮豐富的想像力來確立自我。
- 克服心智的挑戰、從事活躍的社交、建立人際關係和創造新思維，都能激發肉體能量。

火星落入水象星座：

- 藉由情感上細膩的維繫、深刻的感覺，以及覺察他人的需求來確立自我。
- 滿足深層欲望、感覺被需要、發揮直覺力，以及體驗強烈的情感，都能激發肉體能量。

木星落入的星座元素代表這類經驗與活動能維持個人的內在信仰和建立自信。換句話說，它讓我們體驗到與更宏大力量／計畫結合時所產生的庇護感，而當我們處於這些經驗時，也會產生幸福感。這股能量能為每個人帶來成長的機會。木星星座的元素象徵了一座豐沛富饒、自然流動、促進健康的生命力寶庫。

木星落入火象星座：

- 藉由外向、熱情、自信、身體的活躍來建立內在的信仰。
- 發展冒險進取精神、勇於表現自我和嘗試新事物，就能獲得成長的機會。

木星落入土象星座：

- 藉由實用穩固的事物，以及達成身體感官的和諧感來建立內在的信仰。
- 努力工作、承擔責任，以及與自然韻律協調一致，就能獲得成長的機會。

木星落入風象星座：

- 藉由探索觀念、與人溝通，以及從事社會改革來建立內在的信仰。

• 追求未來願景、徹底表達想法，以及與人互動，就能獲得成長的機會。

木星落入水象星座：

• 藉由體驗深刻的情感經驗、發揮正向同情心和想像力來建立內在的信仰。
• 對他人展現敏感與關懷，憑藉直覺順從內在的渴望，就能獲得成長機會。

土星

在個人本命盤中，土星落入星座的元素通常指出某種生命層面的挑戰，我們應無所畏懼地接受這種元素所代表的經驗。因為這些恐懼往往是老舊生命型態的產物，它們隨著時間漸漸變得僵化和壓抑，甚至令人無法忍受，不過只要將之視為生命領域中激發自我的力量，那麼與這種能量相關的保守和紀律，就會有助於個人的成長。

土星星座的元素指出我們在哪些層面被壓抑，以及能量是否被阻塞或受限。

這種內在的障礙起因於這些經驗對於個人來說太過重要，因此我們往往被困在這些生命的課題之中。如果過度勉強釋放這股能量，或選擇逃避、壓抑，都會限制能量的自然流動。

土星落入火象星座：

- 需要維持明確的個人身分意識，並以嚴格的規律和客觀性來展現創造力。
- 應努力秉持熱忱和責任心，更自由無礙地表現自己。

土星落入土象星座：

- 需要維持工作與日常作息的效率與精準。
- 應努力掌握物質世界的規律，發展出系統化的行事方法。

土星落入風象星座：

- 需要控制思維、約束心智，避免負面思考。
- 應清楚、務實地進行溝通，認真地擔負社會責任，同時秉持超然的觀點看待事物。

土星落入水象星座：

- 需要讓敏感、容易波動的情緒和心思保持穩定，自我表現顯得冷漠與客觀公正。
- 應以自我接納的態度努力表達感覺，同時避免過度敏感。

天王星、海王星、冥王星的元素

在解讀本命盤時，這三顆外行星所落入星座的元素相對來說並不重要。每顆外行星都會在某個元素（和星座）中停駐多年，因此在這麼廣泛的因素中所能發揮的個人意義十分有限。外行星駐留期間落入星座的元素主要說明了世代差異，以及全球大眾心理較細微的變化。

第五章

行星落入十二星座

黃道星座及關鍵概念

星座元素	關鍵概念	落入該星座的行星所沾染的特質
火象星座		
創始星座：**牡羊座**	將能量投注於嶄新的經驗	任性採取行動的衝動、確立自我
固定星座：**獅子座**	持續保持熱情與忠誠度；熱烈的生命活力	驕傲、渴望受到肯定、戲劇化
變動星座：**射手座**	不斷驅策自我朝理想前進	信仰、統整與歸納能力、理想性
土象星座		
創始星座：**摩羯座**	完成任務的客觀信念與決心	自我克制、謹慎、保留和企圖心
固定星座：**金牛座**	能深入鑑賞與感官直接相關的事物	占有欲、持續力、穩定性
變動星座：**處女座**	自發性的幫助人；謙遜；服務他人的需求	完美主義、分析力、良好的辨識能力

風象星座

創始星座：**天秤座**　藉由平衡對立來實現自我　平衡、公正無私、機智

固定星座：**寶瓶座**　以超然立場協調周遭的人事物和理念　個人主義的自由、極端性

變動星座：**雙子座**　迅速察覺事物底層潛藏的關聯性，運用言語表達　善變的好奇心、愛說話、友善

水象星座

創始星座：**巨蟹座**　本能的滋養能力與保護他人的同理心　感覺、保留、情緒化、敏感、自我防衛

固定星座：**天蠍座**　藉由投注強烈的情感，產生對事物的洞察力　無法克制的欲望、深刻而受壓抑的熱情、保密

變動星座：**雙魚座**　對受苦者懷抱富有療癒力的同情心　靈魂深處的渴望、理想主義、世界一體性、靈感、易受傷害

行星在各星座中的作用

行星落入星座的意涵	相關說明
太陽：自我本質（存在的基調）、體驗生命、表現個性的方式 **月亮**：根據潛意識傾向作出反應的方式 **金星**：表達情感、希望被欣賞的方式，以及付出自我的方式 **水星**：思考與溝通的方式 **火星**：確立自我和表達欲望的方式	這五顆行星通常被稱作「個人行星」。
木星：尋求成長、自我提升，以及體驗對生命的信任 **土星**：透過努力的作為，尋求建立和保全自我的方式	這兩顆行星是互補的組合，它們發揮了橋樑的功能，連結小我（個人）與大我（信念和社會）所關切的事物。
天王星、海王星、冥王星落入的星座代表整個世代的普遍態度。不過在個人星盤上，這三顆外行星形成的相位與所處的宮位，比它們落入的星座更為重要。	外行星代表改變的深層源頭，被稱之為「轉化的」行星或能量。

太陽落入各星座的詮釋——

自我的本質（存在的基調）、體驗生命和表現個性的方式

太陽落入牡羊座：

- 散發充滿自信的強大生命力。
- 設法以自我確立、積極和競爭性的行動來尋求肯定。
- 為了充分展現自我，需要強力地彰顯個性。
- 自視為探險家與開創者；能夠迅速掌握事物本質。
- 可能表現出過度強勢的個性與他人抗衡。

太陽落入金牛座：

- 生命力根植於實際的身體感官層面。
- 可被信賴的特質與創造力需要獲得肯定。
- 創造性能量能發展出具體有形的物質或累積資源。

- 對財物、資產、自我的穩固特質感到驕傲。
- 猶豫不決和不易變通可能妨礙個性的表達。

太陽落入雙子座：

- 創造性能量被導向建立認知、理解事實、提出問題，以及尋找各種概念之間的關聯。
- 需要在言語上體現自我，在智能上尋求肯定。
- 散發出善變、喜歡說話的心智能量。
- 透過自由連結各種概念和建立廣泛的社交關係來展現自我。
- 興趣廣泛，較難專注於某個領域中持續努力。

太陽落入巨蟹座：

- 藉由滋養、敏感與母性特質來展現能量。
- 源於自我保護的本能，將內在世界構築成巢穴一般，在其中安全地散發能量。

- 生命力與創造性能量的發揮取決於情感因素，難以持久。
- 敏感的特質需要受到肯定。
- 在已經熟悉且受到保護的情境中能自然無礙地展露個性。

太陽落入獅子座：

- 以溫暖、外放的生命力展現自我，希望不斷受到關注。
- 創造性能量沾染誇張化和戲劇化色彩。
- 慷慨的特質需要受到肯定。
- 散發自信和鼓舞他人的氣息，能激發冒險精神。
- 驕傲是首要人格特質。真誠卻孩子氣。作決策時，情感始終發揮作用。

太陽落入處女座：

- 以分析和辨識的方式展現創造性能量。
- 具有幫助他人，提供實質服務的心理需求。
- 能夠發揮對事物的理解能力，展現清晰有條理的生命力。

- 靈魂的成長必須與內心的基本價值、服務信念，以及不斷改善自我的需求達成和諧。
- 謙遜低調、不裝腔作勢的性格可能較難受到大眾的重視。

太陽落入天秤座：

- 創造性能量被導向建立人際關係和開創性思維。
- 公正、公平、仁慈、調和對立的能力需要受到肯定。
- 顯露出善於交際、優雅、理性的生命力，以及細膩的審美能力。
- 渴望創造平衡的人際關係與生活方式。
- 過度重視取悅他人，可能抹煞自己的個性。

太陽落入天蠍座：

- 透過強烈的情感和直覺力來洞穿事物的表層經驗。
- 需要發展轉化的能量，往往利用這股能量來改革現狀。
- 在強烈、深刻、融合（通常高度性慾）的關係中尋求情感的核心體驗。

- 生命層次的表現與無法抑制的內在欲望（有時近乎執迷）有關。
- 對情感的執著、不願敞開心胸或害怕失控可能有礙於創造力的展現。

太陽落入射手座：

- 創造性能量導向追求未來的願景，不僅致力於展現理念，也經常向他人宣揚理念。
- 性格中帶有堅持理想與樂觀自在的態度。
- 十分重視寬廣的心靈與身體自由。
- 散發出友善、喜歡探索和開放的精神；心胸開闊，重視誠信。
- 合乎道德的正直感需要受到肯定；高道德標準可能導致對他人不夠寬容和敏感。

太陽落入摩羯座：

- 創造性能量帶有自制、謹慎、守舊的色彩。
- 十分重視努力工作、建立權威和獲得成就。

- 為了充分展現自我，需要遵守紀律並專心致志地為明確的目標努力。
- 承擔責任的能力影響到生命層次的表現，以及個人意識的提升。
- 悲觀、憤世嫉俗的態度，或過度關切體面的地位和表象，可能會阻礙創造性的表達。

太陽落入寶瓶座：

- 創造性能量發揮在社會福利和理論概念的建立，尤其社會改革的面向。
- 散發友善與社群導向的心智能量——往往帶有極端傾向。
- 展現自我與創造力的方式沾染自由、古怪的實驗色彩。
- 需要挖掘事物的「正確性」與「真實性」，重視人道精神和知識世界。
- 自我輕視、過度重視責任或隨性而發的叛逆感，可能阻礙個性的表達。

太陽落入雙魚座：

- 敏銳地運用靈感展現創造性能量。
- 富有同情心、樂於付出的天性需要受到認同。

- 常對他人的生命困境抱持同理心；個人意識不顯著。
- 對受苦者能發揮具有療癒力的同情心。
- 靈魂深處的渴望、極度的脆弱性，以及心理狀態都會影響生命力和自我的表達。

月亮落入各星座的詮釋——根據潛意識傾向作出反應的方式

月亮落入牡羊座：

- 以主動、缺乏耐性、強勁、直接、好競爭的方式作出反應。
- 必須自我確立以獲得安全感與適切的自我感。
- 將自信、昂揚、行動取向的能量投注嶄新的經驗。
- 能量被集中在回應不停變動的經驗和外在環境。
- 性格中的好鬥特質可能會妨礙安全感的建立。

月亮落入金牛座：

- 緩慢地回應各種經驗；面對外界能保持沉著的穩定性。
- 藉由等待、維持平靜、接觸大自然來獲得內在的滿足。
- 將能量導向身體感官，常留連於接觸與品味當下的享樂狀態。
- 內在變化很緩慢，長期處於習慣的模式中可能導致頑固或怠惰。
- 在鮮少變動、可以完全掌握的情境中才會感到安全；對所有感官刺激都覺得舒適自在。
- 極度需要占有、控制、獲得安全感，可能因此妨礙情感的流動。

月亮落入雙子座：

- 帶著無窮的好奇心，以迅速、敏銳、善變的方式作出反應。
- 必需不斷回應各種心智刺激，同時參與多種活動，才會產生安全感。
- 靠靈活的心智能力掌握現象的邏輯與關聯性，以適應外在的改變。
- 注重內在情感的溝通；需要將情感訴諸言語表達，以感覺與他人連結。
- 多方發散的情感能量可能導致內心缺乏安全感。

月亮落入巨蟹座：

- 以敏感（有時過度敏感）和保護（自我及他人）的態度作出反應。
- 藉由滋養他人或受他人滋養來獲得安全感。
- 天生能掌握時機；有洞悉直覺和微妙情感的能力。
- 對他人情緒和反應極為敏感；行為往往受到個人情緒的支配。
- 可能會過度保護情感；強烈保留感情回憶而影響到往後的人生態度。

月亮落入獅子座：

- 以溫暖、慷慨、熱情的態度作出反應。
- 驕傲和自信會帶來情感上的安全感。
- 將大量的創造能量釋放到周遭環境，能夠支持或鼓勵他人。
- 藉由誇張、渲染、開創新局和運用幽默感娛樂他人來適應生活壓力。
- 自信且具創造性的自我形象（往往如孩童般單純）構成行動的基礎。
- 不斷向外散發驕傲、外向的能量，可能會妨礙個人的感受能力。

月亮落入處女座：

- 以務實的態度調適所有來自外界的刺激因素。
- 以分析的方法回應各種經驗；在環境中尋求秩序感才會覺得自在。
- 為了完美地表達情感，需要改善情感反應的模式。
- 服務和幫助他人能促成正面的自我形象，並有助於克服內疚和自我懷疑的傾向。
- 透過對物質與情感的精密分析，明確具體地改善現狀，以獲得安全感。
- 過度仔細剖析情感可能會阻礙情感的回應。

月亮落入天秤座：

- 秉持與生俱來高度發展的正義感，以客觀態度作出反應。
- 習慣衡量各種局勢，對事物的深思熟慮可能造成優柔寡斷的性格。
- 需要藉由調和對立、尋求平衡點來獲得情感上的平靜。急於取悅他人，並獲知他人的觀點。
- 在親密關係中感到安全；如果處於長期的孤單狀態，容易覺得不自在。

- 重視優雅的舉止可能妨礙自發的情感反應和真正親密感的建立。

月亮落入天蠍座：

- 以受到控制的情感力量，激烈、熱情地作出反應。
- 自我形象帶有複雜、狂亂的情感色彩。負面情緒有時會削弱自信，熱烈的目標意識則能強化自信。
- 深刻的感覺和諱莫如深的態度增加了性格中的神祕感和魅力。
- 有穿透事物經驗底層的深刻需求，可以理解事件潛在的因由，或想像他人內心的可怕動機。
- 在付出或接受強烈的情感時會感覺獲得滋養。
- 害怕受傷和失控的傾向可能導致情感的壓抑。

月亮落入射手座：

- 依循個人信仰與理念，以熱烈和理想化的態度作出反應。
- 藉由追求／提倡個人理念並朝未來目標邁進來獲得內在的滿足。

- 潛意識中有質疑現實、探尋意義的傾向。天生對生命抱持開放、寬容、愉快的態度。
- 在探索、旅行、身處戶外時感到舒適；享受自由自在的感覺。
- 順應情感的傾向可能導致容易受騙、傲慢、狂熱或假道學。

月亮落入摩羯座：

- 以自制、果決的態度作出反應；有時產生嚴重的負面思考。
- 為了內心安穩或達成目的而操控他人，可能忽略應該履行的責任。
- 有所節制地回應外在環境，謹慎地投注專斷、果決的能量。
- 在扮演供應者或保護者的角色時感到自在；習慣掌控局面。
- 具有優越感或成為權威的需求，可能妨礙親密關係和情感滋養的能力。

月亮落入寶瓶座：

- 秉持超然的客觀性，以新奇古怪、無法預期的方式作出反應。
- 藉由不受限制地表現自我、發展想法、創新局面來獲得安全感。

- 視自我為獨特的個體，在利他和社會意識基礎上展現個人主義的作風。
- 需要利用社交互動來找到情感的重心，並獲得適切的自我感受。
- 藉由鼓勵自由來滋養他人，而在獲得完全的自主性時也會感覺被滋養。
- 因為情感獨立的需求，可能導致難以觸及自我真實的感受，以及對周遭觀感的冷漠態度。

月亮落入雙魚座：

- 以敏感、同情心、感同身受、逃避、脆弱、理想化方式作出反應。
- 能發揮想像力的白日夢有助於帶來情感上的平靜。
- 需要藉由與世界／宇宙合為一體的感覺來獲得適切的自我感。
- 以具有療癒力的同情心和同理心來滋養他人；為人道立場或靈性理想服務時能獲得安全感。
- 自我意識的模糊可能會妨礙對自我的理解與自信心的建立。
- 能輕鬆順應外在的環境變動，並隨時調整自己的步調；透過奉獻、超越自我和克服恐懼來獲得滿足。

水星落入各星座的詮釋——
思考與溝通方式

水星落入牡羊座：

- 以專制、強而有力、直接和自信的方式進行溝通。
- 將採取行動的焦慮和渴望，顯化為精力旺盛的說話方式；能有創意地發揮技能。
- 藉由面對衝突以及釋放出強力能量達成學習目的；能直覺地掌握重點。
- 推理能力帶有頑固、任性的色彩，偏好大膽創新的觀念。
- 感覺遲鈍和專斷獨行的傾向可能妨礙與他人建立真正的施與受關係。

水星落入金牛座：

- 以謹慎的方式溝通，緩慢地表達想法。
- 習慣於緩慢而從容不迫的學習步調，可能使多元化的個人覺知能力受到限制。

• 擁有良好的記性、穩定的心智與務實的實踐力，讓想法能應用在現實生活中。
• 渴望表達身體感官的知覺；表達言辭時習慣琢磨話語中的具體意涵。
• 無法坦率、自發性地分享自我，將有礙於與他人建立良好的關係。

水星落入雙子座：

• 流暢、迅速、聰敏、睿智地進行溝通，有時流於膚淺。
• 渴望立即表達出自己的看法。
• 必須透過人際關係和邏輯性思考來達到學習目的。
• 透過與人友善互動和無止境的提問來釋放善變、好奇的心智能量。
• 抽象思考的能力展現在言辭、書寫或各種形式的靈巧手藝。

水星落入巨蟹座：

• 以情緒化、直覺、敏感的方式進行溝通；習慣捍衛自己的想法。
• 全神貫注的學習，倚賴各種感覺來整合、連結片段的訊息。

- 樂於將新觀念發展成具有創造性的技能。
- 良好的記憶力與持久的毅力有助於提升學習能力。
- 潛意識中的偏見與恐懼可能妨害對事物客觀性的理解，以及對新觀念的接受程度。

水星落入獅子座：

- 以活力充沛、光芒四射、驕傲自豪的方式進行溝通。
- 溫暖、熱情、堅強的意志力能鼓勵自己與他人建立關係。
- 溝通方式帶有戲劇性、幽默感、創意色彩。
- 內在的驕傲特質以及獲得讚賞的渴望，可以激發表達意見的勇氣。
- 需要藉由參與創造性活動來達到學習目的。習慣直覺式的跳躍思考，而非合乎邏輯的線性聯想。
- 自我中心的傾向可能導致對事物失去客觀的判斷力，或限制了思考的靈活度。

水星落入處女座：

- 以合乎邏輯、批判、對事情有利、謙遜的方式進行溝通，有時會表現出負面和多疑的傾向。
- 渴望就事論事地表達看法，證明自己的分析技巧。
- 藉由對概念的區分以及邏輯性的順序安排來達成學習目的。
- 務實、重視效率的態度能增進與人建立關係的能力。
- 對細節的過度關注有礙於整體局勢的覺察，甚或忽略事物底層更深廣的意涵。

水星落入天秤座：

- 以聰明、討喜、圓融、優雅的方式進行溝通。
- 秉持開放客觀的立場，溫和的表達意見，並試圖平衡所有的對立。
- 為了成功建立關係而培養出公正無私和圓滑的性格。
- 說話風格帶有藝術和審美的色彩。
- 尋求人際互動的平衡性與客觀性，溝通時需要他人的回應，以釐清對事物的看法。

- 企圖掌握周遭所有的觀點，可能妨礙自己作結論的能力。

水星落入天蠍座：

- 以有力、深刻、熱情（往往非言語）的方式進行溝通；能夠透過溝通體會與他人親密的連結。
- 言辭表達的渴望來自於絕不膚淺的生命態度。
- 藉由洞悉和探求事物核心來達到學習目的；從事各種研究都能徹底深入，而且對偵查很感興趣。
- 心智方面過度強烈、任性、情緒化的特質可能妨礙對客觀事物的理解。
- 在運用技能與智識時受到強烈欲望、深沉的熱情，以及發掘他人隱藏動機的目的所影響。
- 對保密與靜默的需求，可能妨礙與他人建立關係的能力。

水星落入射手座：

- 以開放、信任、樂觀、熱情、寬容的方式進行溝通。
- 藉由不斷驅策自己朝理想前進，來達到學習需求。
- 思考與推理時會將眼光放在長遠的目標，而非侷限於世俗瑣事。
- 喜歡將自己學習到的事物傳授給他人；認為學習與傳授有緊密的關聯。
- 需要以直接、坦率、毫無偏見的方式與人建立關係。
- 在理想主義的驅使下，思考的條理和連貫性可能因過度概括化而變得有些模糊。

水星落入摩羯座：

- 帶有強烈的權威感，以認真、保守的方式進行溝通；有時會陷入僵化的思維。
- 學習時散發堅定的毅力和強烈的企圖心，並尋求穩定的進步。
- 渴望藉由操縱物質世界，以及將理論付諸實踐來展現才能。
- 有所保留、自負、拘謹的特質可能會降低與人溝通的成效。
- 心智能力與辨識力被運用在追求明確具體的目標；對現實的敏銳度可能

導致只看見事物的侷限性，而非其中的可能性。

水星落入寶瓶座：

- 以超然的立場、開放、睿智、理想化方式進行溝通。
- 需要與人建立獨特、個別的關係。以個人化作風與每一個人產生連結，同時強烈意識到團體溝通的運作模式。
- 展現才智的渴望帶有個人色彩，而且往往走向極端。
- 以實驗、大膽創新的方式思考；測試他人對某些理論的反應；具備未來的眼光；喜歡探索任何可能的改變。
- 獨立、創造力、超然、理智的特質有助於學習。
- 想法可能難以捉摸——因概念之間無邏輯的跳躍與串連，使得表達缺乏條理。

水星落入雙魚座：

- 以善感、理想化、帶有詩意、逃避、富想像力的方式進行溝通。

- 以同情的方式表現感知和才智。
- 能夠與人建立精神和心靈方面的連結，在多元層次進行溝通。
- 靈活、有彈性統整事物的能力可以激發語言的能量。
- 理性與辨識力可能因為思維混亂、做白日夢或自我欺騙而受到蒙蔽。

金星落入各星座的詮釋——表達情感、希望被欣賞的方式，以及付出自我的方式

金星落入牡羊座：

- 以直接、衝動、熱烈的方式表達情感。
- 專注於新經驗時最能滿足帶有情感色彩的喜好和達到極致的愉悅感；尤其享受關係建立的初始階段。
- 親密關係可能因為強烈的自我主張和嚴苛特質而受挫；有時甚至無法建立親密關係。
- 重視個性、主動性、自己和他人的獨立性。

- 以積極奉獻自我的方式回應他人強而有力的能量。

金星落入金牛座：

- 以物質、溫暖、穩定、占有的方式表達情感。
- 付出自己內在的（情感）資源以回應他人強烈的感官能量。
- 可能因為感情上的吝嗇、占有欲、不願釋放感覺或擔心失控，而讓付出熱情的需求受到挫折。
- 非常喜歡諸如影像、聲音、氣味、味道或觸覺等感官享受；喜歡接觸大自然。
- 重視物質層面的舒適感，以及擁有奢華美麗的有形資產。

金星落入雙子座：

- 以靈巧、快活、玩鬧的說話方式表達情感。
- 需要立即表達自己的意見和觀點，以感受與他人的親近。
- 不斷（而且是有意識的）改變興趣與嗜好。喜歡靈活變化的事物，重視人際之間的默契。

- 追求享樂的渴望夾雜著好奇、愛說話、友善的態度。欣賞聰明和腦筋動得快的人。
- 需要處於充滿刺激的環境中，可能會妨礙長期或深度人際關係的建立。

金星落入巨蟹座：

- 以敏感、慰藉、呵護、持續的方式表達情感。
- 滋養他人／受人滋養，以及成為家族的一分子，才會感到舒適與自在。
- 偏好在封閉、緊密結合的環境中與人分享能量。
- 對於享樂和親密感的渴望，可能因為善變的情緒、膽怯或吝於表達，以及過度自我保護而受阻；容易受他人的情緒影響。
- 親密感的建立往往帶有善於接納和依賴的特質。

金星落入獅子座：

- 以溫暖、戲劇化、熱烈的方式表達情感。

- 喜好和價值觀受到高度自尊心和亟欲獲得肯定的欲望影響。
- 以創造性的活力展現自我，而且能尊榮、驕傲地接受他人的付出。
- 社交活動與情愛的表現帶有喜歡玩樂、慷慨、忠誠的色彩。
- 希望成為注意力焦點或主宰他人情感的傾向，可能會阻礙了深刻的情感交流。

金星落入處女座：

- 以就事論事、有所節制、樂於協助和保守傳統的方式表達情感。
- 藉由服務或幫助別人來產生情感上的滿足。
- 藉由精準掌握細節和從事分析式的心智活動來獲得樂趣。
- 在合乎邏輯和務實的態度中獲得內心的舒適感與和諧感。
- 過於希望提供援助、瑣碎的批評方式或天生的保守傾向，可能讓情感的付出與表達產生障礙。

金星落入天秤座：

- 以輕鬆、體貼、有魅力而且和諧的方式表達情感。
- 與他人之間的施與受帶有平衡、公平、溫和的色彩。
- 調和極端、欣賞均衡與傳統之美的態度影響到個人價值觀與偏好。
- 亟需維持平靜與和諧的氣氛以獲得舒適愉悅的感覺，不過也可能為了刻意避免不愉快的情感交流而侷限了親密感。
- 需要在平等、分享與合作的基礎上發展關係。

金星落入天蠍座：

- 以強烈、熱情、執迷、極端消耗感覺的方式來表達情感。
- 對享樂的渴望夾雜了強制的欲望和深沉熱烈的情感。
- 從施與受的關係中產生療癒和轉化的能量。
- 在愛和社交方面的表現可能受限於保守祕密和不願信任他人的傾向。
- 為了感受與他人的親密感，需要以強烈的情感力量洞悉關係的核心本質。

金星落入射手座：

- 以自由自在、慷慨熱烈、理想化的方式表達情感。
- 希望不斷前進與愛好冒險的傾向可能妨礙親密關係的建立。
- 與人相處帶有高度個人信念與目標取向，而且在親密關係中需要感受到與對方理念是和諧一致的。
- 從盡情漫遊和探索的自由中獲得內心舒適與和諧的感受。
- 對於愛和戀情採取寬容、開放的態度；重視關係中的誠實。可能因為遲鈍而忽略了他人感受。

金星落入摩羯座：

- 以謹慎、嚴肅、忠實、機械化的方式表達情感。
- 可能因為恐懼、多疑、冷漠或缺乏人情味的傾向而無法滿足享樂和愛的需求。
- 在付出深刻的情感之前，需要得到別人的承諾；能保持忠誠，願意承擔工作與關係中的責任。
- 對愛和社交的渴望帶有不屈不撓、企圖心、保守、關切聲望的色彩。

- 自制與情感保留的傾向可能會阻礙親密關係的發展。

金星落入寶瓶座：

- 以自由、不拘傳統、挑逗、實驗性的方式表達情感。
- 超然自處、不近人情的態度可能妨害親密關係的建立，或是予人冷漠或疏離的印象。
- 喜歡和所愛的人交換意見、想法和天馬行空（往往幽默詼諧）的幻想。
- 對愛和社交的渴望帶有個人式自由、極端和叛逆的色彩。
- 需要藉由積極從事公眾社交活動，以完整付出情感。

金星落入雙魚座：

- 以敏感、親切、富同情心的方式表達情感；願意無私地付出。
- 亟需在情感關係中營造浪漫迷人的和諧感，但內心欲望卻可能模糊失焦或空泛不明，使得自身容易受到傷害。
- 對社交與愛的渴望帶有浪漫色彩，把愛人與情愛的本質都給理想化了。

- 逃避現實、閃躲衝突和陷入混亂的傾向可能損及施與受的能力，而缺乏辨識力可能妨礙穩固關係的形成。
- 對靈魂深處的探求以及心靈與人合而為一的衝動會影響親密感的建立。對他人處境能感同身受。

火星落入各星座的詮釋——確立自我和表達欲望的方式

火星落入牡羊座：

- 以缺乏耐性、競爭好鬥、直截了當的方式確立自我。
- 將能量全部投注於嶄新的經驗，往往擁有開創事業和操作機械的才能。
- 任性採取行動的驅力來自於內在欲望的不滿足；雖然勇於接受挑戰，但魯莽和輕率的態度可能減低成功的機會。
- 展現積極主動、超強意志力、焦躁不安的行事風格；能直覺掌握重點。
- 衝動、強健、自信地展現性驅力與肉體能量。

火星落入金牛座：

- 以穩定、持久、保守、頑固的方式確立自我。
- 為了鞏固基礎、發揮生產力或純粹享樂而採取有力的行動。往往擁有創造力或藝術才能。
- 進取的精神和行動的魄力帶有物質取向和占有欲的色彩，有時顯得遲緩和怠惰。
- 內在欲求的滿足可能受限於驕傲自滿或安於現狀的心態。
- 肉體能量和性驅力受到感官享受和自然生命韻律的影響。

火星落入雙子座：

- 透過各種專業技能，以靈活、善言辭、聰敏、好交際的方式確立自我。
- 往往迅速轉移欲望的焦點，因為不確定自己想要什麼而容易分心。
- 接收到刺激心智的對話、形象或（不帶偏見）稀奇古怪的概念，能觸發肉體能量和性驅力。

- 對事物的決斷力受到瞬息萬變的局勢和當下即時的念頭所影響。
- 積極的行動精神表現在建立關係、學習新知、培養技能，以及廣泛表達友善等方面。

火星落入巨蟹座：

- 以敏感、害羞、迂迴、富同情心的方式確立自我。
- 需要感受與傳統根源的連結，以釐清內在的欲望並看清生命的方向。
- 主動精神和意志力容易因為善變的情緒和自我防衛而削弱，但是能為了所愛的人無畏地採取行動。
- 身體能量、性驅力、決斷力會被無意識的恐懼和脆弱感削弱，但也能因為感受到關懷和保護而被激發。
- 擁有自我防衛的本能和精準的時機感；頑強且直覺地追逐欲望。

火星落入獅子座：

- 以戲劇化、溫暖、光采煥發、好表現、驕傲的方式確立自我。

- 自我表現顯露強烈的自尊心和亟需受到讚賞的渴望。
- 擁有創造性才能和豐沛的生命力，能自信地展現進取心和魄力。
- 性、肉體、創造性的驅力需要被肯定。專注力和表露無遺的慷慨特質能激發肉體和性能量。
- 需要以充滿自信與活力的方式來達成欲望；對人的態度往往過於強硬和苛求。

火星落入處女座：

- 以審慎、利他、分析、盡責的方式確立自我；有時會表現為瑣碎的批評。
- 果斷的決心、主動精神和行事作風展現出完美主義的傾向和高超的辨識能力。
- 採取行動的驅力可能因為自我批評和過度關注細節而受到阻礙。
- 肉體能量和意志力被導向內心潛藏的服務需求；依賴高度實用的智慧與知識，精力充沛地努力工作。
- 需要靠著努力追求完美來達成欲望。

火星落入天秤座：

- 透過社交、與人合作、展現魅力的方式來自我確立。
- 對調和各種極端的需求構成行動的基礎。
- 肉體能量和決斷力強烈受到親密關係和審美觀的影響。
- 進取精神和積極的勇氣發揮在追求公平正義的理念。
- 權衡和判斷事物時的優柔寡斷，可能導致欲望無法獲得滿足。

火星落入天蠍座：

- 以強烈、具吸引力、熱情的方式自我確立。
- 強烈而不受控的欲望以及克服現實的挑戰可以激發肉體能量和進取精神；朝目標努力時「續航力十足」。
- 分享深刻的親密關係以及體驗強烈的情感經驗能激發性驅力。
- 善於引導和轉化情感的力量將有效地達成內心深層的欲望。
- 保守祕密的傾向、自我防衛，以及強烈的控制欲，會妨礙對事物的決斷力和表現個性的自由。

火星落入射手座：

- 以誠實、理想化、活力充沛、衝動、不夠成熟的方式來自我確立。
- 個人內在欲望受到信仰、道德觀、靈感的引導。
- 決斷力和強烈的行動力受到理想或未來願景的驅策。
- 藉由冒險活動來刺激肉體能量和性驅力。
- 進取精神和充沛的幹勁體現了改善自我和不停向外探索的需求。

火星落入摩羯座：

- 帶著嚴格的自律感，以謹慎、認真、權威而富企圖心的方式自我確立。
- 藉由審慎的計畫、深思熟慮、十足的耐心發揮決斷力。
- 肉體能量和性驅力往往導向對物質目標和長期成就的追求。
- 透過傳統管道，以穩定而且持續不懈的態度追求成功。
- 性驅力受到自我性格的壓抑，不過仍然顯得強烈而粗率。

火星落入寶瓶座：

- 以獨立、明智、個人化方式自我確立。
- 進取心和意志力奠基於自我表現的需求。
- 性格中的叛逆因子可能會妨害成就的取得，但是這股革命衝動也能成為具創意的改變力量。
- 對事物秉持超然、科學、客觀的態度，可能有礙欲望的展現。
- 自由自在的感覺、實驗法則、探索新奇的觀念可以刺激肉體的能量與性驅力。

火星落入雙魚座：

- 懷抱善意，以理想化、同理心、愉悅的方式來自我確立。
- 進取心和意志力帶有敏感與同情心色彩。
- 個人和情感的脆弱會妨礙自我確立和果決力。
- 肉體能量和性驅力常常受到夢、情緒和感情的影響。

• 受靈感、直覺或願景所驅使，以細膩精微的方式達成欲望。

木星落入各星座的詮釋[1]——尋求成長與自我提升，以及對生命的信任方式

木星落入牡羊座：

• 透過可以發揮自信與肯定自我的活動來尋求成長與提升。
• 藉由發揮冒險精神展現對生命的信任感；通常具備優秀的領導才能。
• 在嶄新的經驗中專注地釋放能量可以帶來成長的機會。
• 過度侵略性和焦躁不安的性格可能導致自我膨脹或鋌而走險，錯失個人發展的機會。
• 天生能瞭解勇氣與自我信任的重要性。

木星落入金牛座：

• 藉由保持生產力、穩定性、可靠性來尋求成長與自我提升。

- 透過深刻理解物質世界來實現與宏大秩序連結的渴望；非常喜愛感官的享受。
- 企圖靠金錢、財產的奢華來改善生活，可能導致過度唯物主義和揮霍無度的行為。
- 對人性和追求快樂的基本需求有廣泛且寬容的理解。
- 利用與大自然溝通和簡單的生活方式來增加對生命的信賴感；展現金牛座特質中更高貴、慷慨的一面。

1本命盤中木星的意義和重要性在傳統上都被低估了。木星確實引導我們實現未來的願景，並促使我們成長和發展——特別是循著理想的路線。木星的深層意義多半遭人忽略，這也是為什麼本書對木星的說明有時比其他行星來得更詳盡。在某些方面，木星原理對於一個複雜的時代來說是過於簡單的，而對一個相對唯物論的時代來說，則過於富有哲理。

木星星座向來是每個人顯著的人格基調。這個星座的特質往往顯現在我們的人格和個性之中。在許多案例中，案主會擁有高度發展的木星星座能量、能力和特質，儘管他們經常將之視為理所當然，因為這些能力來得輕鬆且自然。簡單來說，在多數人身上，木星具有使事物提升和變得高尚的能量，因此它落入的星座特質會展現出較慷慨、積極的面向。

木星落入雙子座：

- 透過溝通、培養技能、廣泛學習來獲得成長與自我提升。
- 對生命的信任感來自直觀的覺察力，善用言語表達事物背後的邏輯和關聯；興趣廣泛的特質有助於瞭解個人生命的意義。
- 善變的好奇心、思慮過度或杞人憂天有時會減損樂觀的態度。
- 需要培養推理能力來體驗對自我及生命的信任感。渴望依循理性與宇宙法則來過生活。
- 天生能理解溝通的重要性，而且希望成為資訊的來源以造福他人。

木星落入巨蟹座：

- 透過建立家庭價值和提供情感支持來尋求成長與自我提升。
- 成長的機會來自保護他人的意願、同理心的展現，以及天生的滋養能力。
- 藉由敏銳察覺他人的感受來產生自信；通常能適切地發揮情感方面的同理心。
- 對更高宇宙法則的信賴可能受限於恐懼、過度保留或自我防衛的心理。

- 天生理解人們對安全感的需求，表現出巨蟹座特質中更為樂善好施、慷慨的一面。

木星落入獅子座：

- 透過創造性活動、豐沛的生命力，以及對他人的支持和鼓勵來尋求成長與自我提升。
- 誇張的性格源於驕傲感以及受人肯定的渴望；能夠直覺地理解人們對於被關注與自信的需求。
- 自我中心和狂妄跋扈的態度會減低對宇宙法則的信賴，不過通常對生命懷抱與生俱來、無法遏抑的信任。
- 需要靠著給別人深刻的印象，以及獲得他人認同才能建立自信；擁有優秀的表演才華與天賦。
- 戲劇化地表現出對生命的信任。扮演好自己的角色時會感覺幸福，有時則過度相信自己的重要性。

木星落入處女座：

- 透過自發性提供幫助、負責的服務態度，以及遵循紀律發展自我來尋求成長與自我提升。
- 謙遜接受來自高層力量的恩賜，天生就瞭解規律工作與克己自律的價值。
- 對完美的需求被放大了，因此在自我提升方面能秉持更開放的態度。
- 過度關切細節可能阻礙與更宏大的秩序產生連結，不過通常具備理性批判能力，不致過度吹毛求疵。
- 天生懂得善用分析與辨識技巧。

木星落入天秤座：

- 以平衡、客觀、公正、圓融的方法尋求成長與自我提升。
- 藉由維持平衡和開放的立場來強化個人信念。
- 在親密關係中獲得成長機會，通常擁有與人一對一真誠交流的優秀能力。
- 透過分享、合作與發揮藝術天賦或美感，表達與宏大秩序親近的渴望。
- 多方面權衡問題的傾向，會削弱能夠增強自信的行動力和果決的判斷力。

木星落入天蠍座：

- 透過成功轉化內心的欲望與強制行為，並徹底瞭解生命內在的運作機制來尋求成長與自我提升。
- 精準洞悉人和局勢的能力可以帶來成長的機會；通常表現出足智多謀或投機分子的形象。
- 樂觀的自我感與發展中的信念可能因恐懼、保密或無法在情感上保持開放的態度而受挫；然而木星通常表現出天蠍座特質中更為高尚、崇高的一面。
- 透過尋求與體驗強烈深刻的情感來達成與宏大事物連結的渴望，以及對更高層力量的信賴。
- 需要以強大的轉化能量來建立自信。

木星落入射手座：

- 透過對長遠目標的追求，以及天生對生命的信任感尋求成長與自我提升。

- 樂觀、自若的傾向有助於加深對更宏大秩序的信賴。
- 為了讓自己變得更好，需要利用各種機會從事內在與外在的探索。
- 自我擴張的面向可能導致能量過度擴散，而忽略當下的可能性。
- 天生能理解宗教在生命中的價值與意義。

木星落入摩羯座：

- 透過勤奮工作、嚴守紀律、穩定進步來尋求成長與自我提升。
- 需要發揮自制、自信、保守特質來讓自己變得更好；天生擁有能令人信服的權威感。
- 樂觀和擴張的傾向可能受制於過度嚴肅或恐懼的態度。
- 個人信仰與對生命的信賴感源於現實與經驗的累積，天生能理解歷史和傳統的價值。

木星落入寶瓶座：

- 成長的機會來自於發展可靠的能力、負責任、有耐心的特質。

- 透過人道理想、心智發展、大膽的實驗精神來尋求成長與自我提升。
- 樂觀的心態可能因為秉持超然立場、不沾鍋的原則而削減，但通常願意對他人展現慷慨的一面。
- 需要在心智方面保持獨立以維持自信；與生俱來發展良好的科學精神。
- 擁有專屬的古怪、非正統、個人式信仰。
- 相信人類整體知識有一致性的共通原則，寬容看待各式的自由型態。

木星落入雙魚座：

- 藉由活出個人理念、發揮同情心、慷慨的精神來獲得成長與自我提升。
- 需要發展同情心與敏感度以獲得自信。
- 改善自我的需求可能受限不專注、可有可無的態度、逃避現實的傾向。
- 慈悲的胸懷奠基於對苦難大眾的同情。
- 完全信賴更高層的力量；瞭解為理想奉獻，以及敞開心胸接受靈性經驗的重要性。

土星落入各星座的詮釋——
透過各種努力以尋求建立和保全自我的方式

土星落入牡羊座：

- 透過積極拓展新的經驗以建立和保有自我。
- 發揮努力專注的精神，以勇氣和膽識來發展自我。
- 渴望藉由積極而有競爭性的行動來達成具體成就。
- 幼稚、自我中心的態度可能影響責任承擔的意願，而恐懼和過度謹慎可能減損行動的自由性。
- 特別重視行動的獨立性，而且需要取得具體成就。

土星落入金牛座：

- 透過穩定的生產力、擁有所有權，以及依賴個人資源建立和保有自我。
- 健全感與安全感來自於自身忠誠、穩定、可靠的人格特質，不過怠惰可能阻礙成就的取得。

- 為求獲得社會肯定，需要保守基本（往往是傳統的）價值觀。
- 鞏固與占有的驅力可能阻礙能量流動；因為害怕失控而顯得極端保守、頑固。
- 持續、積極地深化對身體感官、藝術、美或自然的欣賞能力。

土星落入雙子座：

- 透過理解能力和對事實的掌握來建立和保有自我。
- 仰賴自身心智能力的內在需求，導致思考過程不斷重整。
- 對於各種心理刺激的追求可能妨礙義務與責任的承擔；開放的學習態度與大膽實驗的偏好，可能受限於多疑的傾向與較無價值的狹隘興趣。
- 需要以有紀律的方式，專注、條理地表達想法。
- 渴望訴諸理智及運用言語來維護自我的結構與完整性。

土星落入巨蟹座：

- 藉由被深度滋養的感覺，以及闡明家族根源和影響力鞏固和保有自我。

- 接受自己的情感並專一地表現出來尤其重要，不過往往相當困難。
- 必須努力克服對自身敏感性和弱點的恐懼。
- 極度渴望能自我保護，以強化安全感。
- 過度壓抑情感可能導致僵化與空虛的心理狀態。

土星落入獅子座：

- 透過創造性活動、自我表現，以及維繫忠誠、有紀律的情感來鞏固和保有自我。
- 渴望將個人性展現在成就中以獲得安全感。
- 需要倚賴、信任內在靈魂的和諧狀態，以及深刻關切的事物。
- 恐懼，以及對自己的價值和優勢缺乏信心，可能妨礙自我表現和自信。
- 驕傲，以及渴望獲得認同的心態會影響負責任的意願。有創造力地承擔責任，會帶來深刻的快樂。

土星落入處女座：

- 透過分析事理、負責的態度、幫助別人來建立和保有自我。
- 藉由服從組織和紀律來掌握細節、精進技巧，並產生深刻的滿足感。
- 對自己在物質世界中能有效工作的能力缺乏信心，可能導致自我懷疑和過度恐懼。
- 需要在任何事上全力以赴、發揮工作效率，以得到具體的成就。
- 靠自己的長才和技能建立穩固的社會地位，並培養真正的謙遜態度。

土星落入天秤座：

- 透過公平、負責的處理人際關係來建立和保全自我。
- 有意識的建立組織、計畫、關係，以及一切以平衡和諧為原則的結構。
- 畏懼忠誠的合夥關係，可能會阻礙成就，也無法產生滿足的親密感。
- 具有守紀律、努力維繫關係的特質；履行承諾、付出保證、承擔責任能帶來深刻的滿足感。
- 渴望取悅他人可能造成逃避不愉快的關係；機智和公正的特質能得到社會肯定。

土星落入天蠍座：

- 透過控制強烈的熱情和蓄積的能量來建立和保有自我。
- 對個人情感結構的強烈保護欲，可能損及成就的達成或阻礙親密感。
- 過度倚賴個人資源可能有礙於達成更高層次的成就。
- 害怕表達，甚至不願承認內心深刻的情感，可能形成僵化刻板的性格，導致感覺被「凍結」，無法在生命中獲得深刻的滿足感。
- 致力徹底轉化、汰除多餘的事物，而且常著力於意義重大的改革工作。

土星落入射手座：

- 藉由對長遠目標抱持著堅定的理想與信念來建立和保全自我。
- 往往承擔超過自己能應付的義務和責任；心智方面十分需要受規範。
- 忙碌於從事組織工作，不斷改變計畫和架構以因應局勢的變化；找到系統化的方法對於成就未來的目標尤其重要。
- 致力於規劃、追求理念，並從中得到安全和滿足感。
- 個人信念十分需要受到社會肯定；過度傳統的態度或其他層面的恐懼，

可能阻礙真理的追求。

土星落入摩羯座：

- 透過實現抱負、取得權威與社會地位來建立和保全自我。
- 在維持高度紀律的原則下努力奮鬥，履行人生的義務。
- 過度發展的組織能力可能會演變為企圖嚴格掌控所有的局面。
- 渴望透過辛勤工作、保守和謹慎的行為來鞏固自我的結構和保有自我的完整性。
- 對是否獲得認同的極度在意，可能會妨礙個人目標的實現。
- 成為一個「可靠的人」，以及仰賴自身的資源，是生命底層的需求。

土星落入寶瓶座：

- 透過發揮有紀律的心智能力、掌握明確有條理的知識，以及對社會或未來付出承諾，來建立和保有自我。
- 擁有組織人群或概念的優秀能力，或兩者兼備。

- 致力於維持重要的朋友關係，並往往將這股集體能量導向特定的成就。
- 古怪或與極端的行事作風可能導致錯失達成具體成就的機會，而心智的僵化或缺乏社交安全感，則有礙於自由獨立地表現自我。
- 為了鞏固人生目標和克服不被認同的恐懼，需要參與社交活動。

土星落入雙魚座：

- 藉由超越個人限制，以及與更偉大的存在、團體或理念結合來建立和保有自我。
- 逃避現實的傾向可能延遲或妨害責任的承擔，而過度憂慮或保守的心態可能阻礙卓越願景的實現。
- 透過有紀律的努力展現療癒力和同情心，這種自我奉獻的理想得以消弭僵化刻板的傾向。
- 需要展現敏感度和釋放情感；為了獲得心理上的安穩，必須克制逃避的傾向。
- 需要藉由將更高層次的願景和渴望付諸實踐以善用自己的靈性資源。

天王星、海王星、冥王星落入各星座的詮釋

天王星、海王星、冥王星落入的星座固然是整個世代特質（說明各時代集體心理的諸多差異）的重要指標，不過就個人而言，它們本身並不那麼重要。這三顆行星並不代表任何明確的個人特質，因為它們行進緩慢，在同一個星座中往往停駐多年。對個人來說，這些行星所在的宮位和所形成的相位比它們落入的星座更加重要。天王星、海王星、冥王星與個人行星所形成的相位，有時會透露出個人在整個世代中如何適應改變的力量。然而，在某些人的生命中，這三顆外行星卻似乎是一種「靜默的調子」，而且它們所象徵的改變多半也只發生於個人內在層面。要看出這些行星力量的展現，必須從個人興趣和活動與星盤之間的關聯來判斷。

換言之，這些外行星所座落的特質和能量，在個人身上通常不太明顯（除非它們以有力的方式與星盤上其他要素形成緊密的關聯）。舉例來說，如果它們與同星座中的其他行星之一合相，就能大幅增強該星座的能量。（例如，冥王星與落入獅子座的金星合相，這個人的獅子座能量就會被強化）。外行星也可能特別

強化某種元素的能量，如果這顆外行星與落入另兩個星座的行星形成三分相（屬同一種元素），也就是說，這顆外行星成為「大三角」相位的其中一角，例如天王星落入雙子座、太陽落入寶瓶座，而月亮落入天秤座，那麼，在這樣形成的三分相中，天王星無疑會增強風元素的能量。

再舉例來說，上升星座如果出現天王星、海王星或冥王星，那麼這些外行星也的確會增強這個上升星座的能量。即使這顆外行星是位於上升點的十二宮那一側，我們仍然有把握斷定這個上升星座的特質會因此大幅被增強。例如冥王星落入成為上升星座的獅子座，則這個人的獅子座特質將會被強化，不過極可能因為冥王星隱匿和自制的本質，使得這些特質受到某些程度的約束。

第六章

上升點（或上升星座）與中天

上升點的關鍵概念

上升點（或是「上升星座」[1]）的概念幾乎不可能以約略的方式來概括說明。上升點（或上升星座）涵蓋多種意義，它象徵我們如何處世、在別人眼中的「面具」或人格形象，以及我們生命中自發性的能量與生命態度。這些特質在某些人身上會特別明顯，而在某些人身上卻顯現為較膚淺的面向，正如拉德雅所說的，「上升點是本命盤中最難以捉摸、難以理解的因素」。傑夫．梅歐則認為：

> 上升點可能是個人將自己投射到日常工作和社交活動時所戴上的面具，而其真正的性格被隱藏起來了，只有與之親近的人才知曉——甚至往往連他們也不知道。

1「上升點」（Ascendant）和「上升星座」（Rising Sign）這兩個詞彙雖然經常交互使用，不過兩者仍然有差別。嚴格來說，上升點（縮寫成 ASC）是上升星座在本命盤東方地平線上的確切角度，因此內涵較為精準，而上升星座只是出生時正從東方地平線「上升」的星座。

然而，他人眼中見到的這種人格形象並非刻意被投射，而是自然而然產生的結果。再者，這種人格形象也不似一些占星論述中說得那般膚淺。上升點總是點出我們的某種重要本質，這個本質深藏於內在的心理層面，同時也是外顯的。如果上升點無法發揮作用，那麼我們幾乎不可能在現實生活中有所行動，或是成功的展現自我。從許多方面來說，上升點是我們直接面對外在世界的大門，它象徵我們的生命態度，也代表當能量自然流動時，個人與外在世界積極融合的方式。

上升點透露出我們如何感覺自己是世上獨一無二的個體，也說明我們的人格特質，當星盤上有其他因素支持或對應上升點時，上升點的影響可能就會變得更加強勢而真實。反之，當星盤上的其他要素與上升點能量產生不和諧的振動，上升點的力量就可能呈現為較膚淺或相對造作的人格面具，與個人的天性相當不一致。

上升點元素

上升點元素說明直接賦予肉體活力的能量特性，以及我們對於生命的整體態度。[2]例如，火象或風象的上升星座能導引能量，促進主動的自我表現，而且會強而有力地消耗能量。至於土象或水象的上升星座則表現出保存與抗拒生命能量的流動，象徵自我克制（有時是自我壓抑），使我們產生活在內心世界的傾向。

火象（牡羊座、獅子座、射手座）的上升星座：

生命力強大，肉體精力旺盛，向外界散發的能量。對生命抱持正面樂觀的看法，有自信，行為誠實坦率。積極主動，希望出人頭地，並能見證自己努力的成果彰顯於世。採取行動的衝動可能導致能量過度揮霍，而且比較難以察覺自我或他人較為隱微的需求。

風象（雙子座、天秤座、寶瓶座）的上升星座：

快速且活躍心智的活動，好奇、喜歡交際，友善，喜歡說話。聰明伶俐，擁有敏捷的覺察力。可能有過度理智的傾向，甚至嚴重到內心為每件事不停爭論，

2詳參阿若優《木星／土星會談講稿：現代占星學新洞見》一書。

卻無法採取任何行動。希望瞭解事物的原理，很大程度地活在概念世界。天生具備溝通能力，能理解他人的觀點。

土象（金牛座、處女座、摩羯座）的上升星座：

就事論事的態度。執著於物質世界和保守的性格可能抑制想像力，從而限縮了個人選擇的自由，或阻礙自發性的自我表現。性格中的穩定與可靠性往往高度發展，而且獲得自我和他人的高度重視。處理例行事務時，務實的態度和與生俱來的耐性使這類人的生命韌性遠勝於其他上升星座。這類人通常遵循著既有管道的系統化途徑來展現自我。

水象（巨蟹座、天蠍座、雙魚座）的上升星座：

容易受到環境和他人的影響。因為極度的脆弱和容易受傷的心靈而顯得敏感、情緒化或小心翼翼。保護自己和所關愛的人。富同情心，能迅速且強烈感受他人的情緒。保密的個性，往往沉浸於自己的內心世界。

上升點的主宰行星

落入上升星座的行星十分重要，傳統上被稱作「星盤主宰」[3]或本命盤的「主宰行星」。上升點所處的星座和宮位中的主宰行星，往往影響到每個人對生命的整體態度。一旦我們順應能量的流動模式加以調整，接受這個主宰行星及其宮位和星座所代表的經驗層面和能量類型，就會感覺更有活力，內心也會獲得安全感，而且更能「做自己」。

3如果你的上升點同時擁有一個傳統主宰和一個現代主宰行星，例如天蠍座、雙魚座、寶瓶座，那麼你應該檢視這兩個主宰行星的所在宮位，因為這兩者在你的生命中會一定程度地被強調。然而，傳統主宰行星落入的星座也要特別關注，因為這個星座多半比現代主宰行星落入的星座來得更加強勢（倘若沒有其他因素被突顯的話）。

舉例來說，如果你擁有天蠍座上升點，那麼就個人性格來說，火星落入的星座通常比你的冥王星星座更加重要，除非冥王星所在的星座中另有其他重要的因素。以冥王星落入獅子座的世代為例，這並不表示他們之中每個擁有天蠍座上廾點的人，在個人天性和性格中都有強烈的獅子座特質，然而在他們身上，火星落入的星座力量總是特別強大，讓這些能量充沛地在他們身上流動，而且他們也特別能突顯這股能量。

主宰行星落入的星座：顯示出在許多層面都十分重要、甚至是最主要的能量特質。這個星座揭示個人行為和表現自我時最重要的驅力。

主宰行星所在的宮位：代表我們付出大部分生命能量的經驗層面，以及在這些生命層面中從事的重要活動。為了激發必要的能量，以及培養重要的能力，我們必須在這個生命領域中積極回應各種課題。

事實上，上升點及它的主宰行星永遠必須一起考量，將它們視為一個詮釋單位。舉例來說，雙子座的主宰行星為水星。雙子上升點加上落入雙魚座的水星，比起雙子上升點加上落入金牛座的水星（心智運作較緩慢且務實），通常會更富有想像力，對靈性力量更敏感，當然也更容易陷入茫然或混亂的狀態。我稱它們為帶有雙魚座「次調」（Subtone）的雙子座上升點，和帶有金牛座「次調」的雙子座上升點。再舉例來說：巨蟹座的主宰行星為月亮。巨蟹上升點加上落入天秤座的月亮，比起巨蟹座上升加上落入牡羊座的月亮（非常衝動卻往往有勇無謀），可能表現得更為客觀和圓滑。我稱上述兩者為帶有天秤座「次調」的巨蟹座上升點，和帶有牡羊座「次調」的巨蟹座上升點。

上升點的相位（注意：以下相位的運用必須依據可靠的出生時間）

上升點的調性不僅會因為主宰行星的位置而改變，也會隨著上升點與任何行星形成緊密的30倍數角度（或「相位」）而改變。[4] 與上升點形成相位的行星會對我們產生強烈的影響，也會影響我們投射出來的人格形象、自我表現模式，以及能量場的運作和生命態度。

(1) 在這些相位中，與上升點產生6度以內的合相最強而有力，可以顯現每個人立即被注意到的人格特質。

(2) 與下降點（即上升點的對立點）產生6度以內的合相是次強的相位。上升

4 我認為所有30度倍數的相位都是值得注意的重要相位，包括30、60、90、120、150、180度。

點顯示的是個人直接投射出來的形象，而下降點和下降點附近的行星則顯示常常出現在關係之中、而且可能與個人形象相反的特質。這些相位有時會點出個人內在的分裂狀態，就像兩種完全相反的能量模式（分別由上升點及與上升點對立的行星所象徵）在生命中交替展現。有時候，這顆行星似乎對人格產生強烈影響，而且我們並不會感覺到自己性格中有明顯對立或矛盾的問題。

(3)與上升點形成的四分相往往是最令人感到挫折的上升點相位。這些相位有時象徵來自早期環境的壓力，以強迫或壓抑的方式顯現在人格中（尤其是當該行星落入第四宮），或者因無法獲得成就或認同而產生的壓力（尤其當該行星位於第十宮）。然而，如同所有具挑戰性的相位，這些四分相也能道出每個人為了尋求成長，最需要努力的層面。

(4)任何與上升點形成緊密相位的行星，都會在我們幼年時期將它們的特質加諸到我們的意識之中。[5]也就是說，我們本身便擁有這些特質，而且不必刻意彰顯就能完美地表現出來，不過我們可能必須先學會接受它。換句話說，我們必須帶著覺知，在成長過程中發展這些特質，一旦學會善用它們，它們便可能成為生命中主要的能量來源。

(5)即使太陽和月亮並未與上升點形成緊密相位，而且出生時間也無法精準地確認，但是瞭解這三個主要因素如何在我們身上交融、發展仍是一件重要的事。它將釐清多股生命能量如何匯流，以及上升點以什麼程度助長或抑制太陽和月亮能量的展現。

上升點的詮釋指南

雖然上升點對每個人來說都有深刻且普遍的重要性，然而不可否認的，它必定與星盤的其他部分有所關聯——尤其是與太陽星座，它們之間的關係讓我們徹

5 詳參第八章關於行星與上升點相位的詮釋指南。

底瞭解每個人固有的上升點特質。因為太陽畢竟是我們核心認同與自我意識的中心，代表我們吸收大部分經驗的方式，而上升點（雖然重要性因人而異）在個人性格的本質上，卻並未占有如此核心的地位。此外，上升點說明的是每個人的生命態度，但太陽卻揭露了生命本身。

一個人的上升點必須滿足太陽所代表的內在本能、價值觀、創造性目標，這個人才能快樂、完滿的過日子。可以說，上升點調整了我們展現太陽能量的方式。要研究各種太陽與上升點的組合和互動模式可以用一整本書的篇幅來闡明，不過在此我只簡單地舉例說明。例如，雙子座的上升點總是賦予任何太陽星座在社交上更活躍、心智上更好奇的生命態度。雙子座的上升點甚至讓遲緩的金牛座太陽可以加快速度；使天蠍座太陽更愛好社交，而且不那麼諱莫如深；幫助摩羯座太陽減低防禦心，並且熱中交際，以及鼓勵巨蟹座太陽不那麼害羞。但無論如何，即使這些上升點落入雙子座的人在態度和可觀察的性格上是多麼類似，由太陽所代表的核心本質仍然取決於太陽所落入的星座。

比對上升點和太陽星座的元素是另一種有效的方法，這讓我們可以瞭解上升點和太陽星座是如何交互作用的。例如：上升點落入土象星座，而太陽落入巨蟹座的人，他們的性格會相對保守而且具有自衛傾向；至於太陽同樣落入巨蟹座，而上升點卻落入火象星座的人則通常比較外向，也能更強勢地展現自我，顯得更有自信。又例如：上升點落入水象星座而太陽落入風象星座的人，可能比他實際表現出來的更加感情用事，而上升點落入風象星座，但太陽落入水象星座的人，則可能顯得更加超然，行事作風較不帶有情感色彩。

太陽總是強力地彰顯出它所落入的星座特質，即使太陽的相位會改變太陽表現的調性，但這股能量也很少會像上升星座那般被徹底改變。在我們的上升星座中可能沒有任何行星存在，即使有一兩顆行星，力量上也無法與包含太陽本身在內的星座等量齊觀（當然，除非太陽落入上升星座！）因此在多數情況下，上升點表現出來的特質遠比太陽星座的特質和能量更容易被改變。上升點所形成的緊密相位會大幅調整上升點的表現方式，此外，其主宰行星所在的星座和相位，也會深刻影響上升星座能量的展現。

上升點內涵的複雜度往往衍生諸多疑惑，例如為何某些人的核心特質和性格傾向根本不符合太陽和上升星座的象徵？占星師似乎無法在這種占星學的「基本標記」中得到迅速而確切的驗證。

另一點也必須說明：相較於太陽星座，人們往往相對忽略了他們的上升點本質。上升點是一個可以隨時間有意識地被進一步發展的因素，並且能協助我們展現自我。許多人十分熱中掌握上升星座的樣貌，因為這等同是一條捷徑，讓他們能簡單辨識出自身極為深刻卻未被徹底覺知的面向。在某些條件下，上升點所象徵的特質和能力才會逐漸浮現，而透過占星學的線索，將十分有助於理解個人的生命發展。（我應強調，比起星盤上的其他因素，或許每個人的早年環境更能鼓勵或壓抑上升點的能量展現，因為童年環境是每個人與外界互動的首要管道。）

請切記，上升點能量很容易因為主宰行星的位置和上升點相位（以及第一宮的行星）而改變，我們可以約略觀察十二個星座上升點不同的表現，也可以利用

第五章「太陽落入各星座」的詮釋指南，來進一步挖掘上升點的主要特質。新手學子尤其可以善用以下章節來認識上升星座。這些關於上升點的闡釋能妥切地處理與太陽有關的問題，因此下文中，我不再複述行星的關鍵詞，而設法從不同角度來說明上升點的意義。

以下說明涉及十二組太陽星座和上升星座之間的重要對比，這些論點來自於過去二十多年來我在諮商時所觀察到的現象。我必須承認這些觀察是主觀的，也無法完全符合所有占星師認知的案例，但是，我認為比起為每個上升點羅列出永無止盡的形容詞，這樣的說明方式可以刺激讀者思考，即便是引發爭議，也會是更有用的學習方式，讓占星的研究更具價值。讀者應該將這些比較式的評語視為一個理解方向或可供討論的主題，而非被刻板陳述的絕對真理。

牡羊座上升點：魯莽、雄心勃勃、急躁好動、缺乏耐性，總是匆忙地過日子，這些人可能相當暴躁。如果火星落入雙魚座、巨蟹座或是土象星座，這些強勢的特質可能會稍稍緩和一點。牡羊座太陽看似唐突、不敏感且不顧他人感受的率直特性，在許多擁有牡羊座上升點的人身上往往會顯得柔和些。不過牡羊座上升點仍然具備牡羊座代表的積極精神，有時甚至比牡羊座太陽來得更有衝勁。

金牛座上升點：有條不紊、克制、謹慎的態度往往給人一種裝腔作勢的感覺；非常厭惡匆忙的步調，極具審美觀，天性中帶有追求享樂的成分。可能顯得懶惰，或者具備穩定的生產力，但仍堅持以自己的方式行事。金星落入的星座會強烈影響這個人是否具備某種野心或活力。金牛座太陽似乎比金牛座上升點更懶惰（或許因為太陽才是主要的生命能量），而且可預見的，金牛座太陽也似乎更具占有欲。這兩類人都希望享受他們所從事的每一件事，因此拒絕倉促行事，惟恐減損了當下的樂趣。他們對生命採取極度物質和官能的態度，而且對親密感、情愛關係、安全感有強烈需求。

雙子座上升點：上升雙子可以說是最好奇、友善，同時也是最容易庸人自擾的上升星座（在某些情況下，上升天秤座也會有這種傾向）。他們通常非常聰明而且喜歡探究事理，對言語溝通有極大的需求。似乎常出現在太陽雙子的膚淺態度在上升雙子身上反而不那麼明顯，但是一心兩用，而且兩邊互不協調的傾向在上升雙子身上卻更加極端——這對於那些想信任他們、聽信他們說法的人來說，可能是最惱人的一件事。上升雙子並非故意不誠實，只是他們的右手不知道左手在做什麼事！（不過我必須補充說明，我至少遇過兩個非常可靠的上升雙子人！）

巨蟹座上升點：富同情心、舉止溫柔，但是針對自己的敏感和同情的特質往往也向外發散，對於遭受傷害和冷落經常過度敏感。就這方面來說，上升巨蟹似乎比太陽巨蟹表現出更膚淺的同情心，太陽巨蟹的感覺往往較為深刻，情感也更能觸動人。上升巨蟹似乎比太陽巨蟹更加含蓄、孤僻、內向，後者則往往憑藉優秀的表演能力而表現得相當合群和外向。不過我曾見過月亮落入獅子座或落入其他性格外向的星座的例子，這些例子中，個人隱性的外向傾向也會被突顯出來。

獅子座上升點：上升獅子似乎經常驅策自己努力展現最佳狀態。這並不是說獅子座的驕傲（甚至傲慢）不存在於上升獅子的身上，而是他們「支配」他人的需求的確小於太陽獅子。上升獅子更有助於太陽能量的真實表露，而太陽獅子則往往無法自然地展現這種深度戲劇化的感覺。慷慨寬大常被視為獅子座的特質之一，這個特質在上升獅子身上比在太陽獅子身上更加可靠。太陽獅子經常為了個人利益麻木不仁地操縱他人，而上升獅子則表露出極為冷淡的態度，因為他們過度需要被尊敬和展現威嚴，也經常缺乏太陽獅子那種自發性的幽默感和嬉鬧習性。

處女座上升點：上升處女往往比太陽處女擁有高度的自信心，說也奇怪，他們的謙遜似乎在某些方面顯得較為實在：上升點落入處女座的人總是承認他們有更多東西要學習，也有進一步提升自我的需求。太陽處女常常被嚴苛的自我批評擊潰而感到消沉，這點有時也會出現在上升處女身上，不過程度就減輕許多。上升處女的人彷彿更常「發洩」他們的疑慮，而非只是掛在心上無法釋懷。太陽處女擁有的保守和守舊特質幾乎不會深植於上升處女的性格中，上升處女也許顯得冷漠、嚴厲或沉默寡言，但在他們的外表下可能隱藏著更加狂野的本性。太陽處女通常比上升處女更擅於精密地分析事理，不過這兩種人都時常展現出精巧的技藝。

天秤座上升點：上升天秤往往比太陽天秤更常表現出帶有自戀傾向的自我中心觀，不過上升天秤有時真的比太陽天秤更加地親切和善。太陽天秤常以一種超然的方式與人相處，他們瞭解生命不全然是甜美光明的，而上升天秤則為星盤中其他能量的展現方式增添了個人色彩。太陽天秤十分重視親密關係，而上升天秤甚至更需要「他人」的存在，他們將整體人生能量灌注在關係的建立（或灌注在缺乏這種關係的焦慮中）。在沒有夥伴時，上升天秤有時會失去方向感，或覺得嚴重缺乏前進的動力和生命活力。（評估星盤上的金星位置，可以更瞭解每個人在關係方面的需求。）上升天秤比太陽天秤顯得更加膚淺，因為太陽天秤的心理層次通常深邃許多。此外，上升天秤似乎比經常憤世嫉俗的太陽天秤保有更長遠的浪漫生命觀。

天蠍座上升點：上升天蠍向來以性格激烈聞名，他們經常涉足治療藝術、探索他人動機（例如透過心理治療）或未知的玄祕事物。雖然天蠍座常被描述成勇者，不過在激發他們採取行動的因素中，恐懼的成分占了多大的比例卻往往未曾被提及。對天蠍座來說，有效的攻擊是最佳的防禦。上升天蠍時常處於防禦狀態，程度為太陽天蠍所少見。天蠍座是情感走極端的星座，因此在每一種正面表現上，也都很容易發現上升天蠍強烈的負面表現。事實上，近年來上升天蠍得到相當負面的評價，並不全然是被冤枉的。說到報復、無情、妒忌的行為，沒有其他上升星座能與上升天蠍較量。復仇往往是他們行為中的刺激因素之一，有時則出於偏執地沉迷於自我保護。這常常顯現為不願放開任何東西的行為——包括金錢或情感，他們非常害怕放手和失控的感覺。在尚未將自己的動機投射到他人身上時，上升天蠍能覺察他人深層的感覺和動機。他們極富智謀，時常熱烈地獻身於困難的挑戰或終生的使命。上述負面特質有時在太陽天蠍身上會大幅地改善，太陽天蠍對於被認定為「自己人」的關係會十分忠誠。再者，太陽天蠍傷害自我的傾向似乎遠低於上升天蠍。在考量上升點的主宰行星時，火星落入的星座總是比冥王星落入的星座來得更重要，獲得正向引導的火星能協助疏導和轉化造成自我毀滅的天蠍座能量。

射手座上升點：樂觀、愉快、熱忱、心胸開闊等特質，時常（但不必然）出現在太陽射手的身上，而上升射手多半也會展現出同樣特質。我所遇見的上升射手即使不斷面對失望或阻礙，也幾乎都可以時常保持樂觀。上升射手與太陽射手都擁有將個人信仰當成普世真理來強力鼓吹的傾向，但是前者表現出來的通常比較寬容和激勵人心，而後者的宣教意味則像是秉持「真理」予人當頭棒喝，換句話說，他們自以為是地傾向常表現得更明目張膽一些。再者，上升射手幾乎從未表露過漫無目的、飄忽不定的不滿狀態，但這種不滿卻時常出現在太陽射手的身上。上升射手似乎更能採取某種理想性的實際行動，而太陽射手則多半停留在心智或理論的階段。

摩羯座上升點：上升摩羯比太陽摩羯更常以極度否定和懷疑的態度來展現自我。然而，我們應當瞭解這兩類人表面上對新事物的譏諷和鄙視往往是一種保護色，用來防衛他們好奇、脆弱甚至開放的心靈本質。摩羯人不喜歡將時間浪費在未經驗證的概念上，反而是務實、合理的證據甚至另類現實，才能引發他們的興趣，並消除他們自然產生的疑慮。太陽摩羯和上升摩羯固然都極度關切外在的形式、表現、聲望，不過後者更害怕輿論壓力，往往不遺餘力地表現得很正常、保守、「安全」。太陽摩羯似乎具有更強大的權威驅力，而且對於達成世俗成就有堅決的態度，而上升摩羯有時好像只是為了滿足內心的安全感。這兩種人往往都缺乏人情味，導致與人相處上時常出問題，不過太陽摩羯比上升摩羯更難在一對一的平等關係中與人相處。

寶瓶座上升點：上升寶瓶和太陽寶瓶的性格中普遍洋溢著不依循傳統的叛逆特質，但是太陽寶瓶的這種特質較為強烈而深刻，他們通常終生狂熱地追求新穎、富想像力、革新的事物——即使不常對外展現這種狂熱。上升寶瓶似乎顯得有些怪誕，的確，他們老是想造反，但比起大多數的太陽寶瓶，他們還算較能順應傳統。這兩種人喜歡即時地發表對事物的看法和理解，其思考之敏捷和學習之快速常讓周遭較遲鈍的朋友大吃一驚；再者，他們表現出冷漠超然的態度，容易給人距離感，也往往刺激到情緒較敏感的人。太陽寶瓶比上升寶瓶表現得更冷漠而且更不近人情。在許多上升寶瓶的身上，傳統主宰的土星影響力比現代主宰的天王星影響力來得更強大，不過土星所在的宮位和星座對所有上升寶瓶來說都是重要的因素。

雙魚座上升點：由於落入雙魚座的太陽處於弱勢，因此太陽雙魚強烈地受到星盤中其他因素的影響。太陽雙魚的人格類型似乎多於上升雙魚。上升雙魚幾乎都具備同情心、善感、富想像力、樂於助人的特質。上升雙魚的性格優點有時似乎不存在於太陽雙魚的身上——太陽雙魚往往被動、難以捉摸、逃避現實而且不負責任。或許傳統主宰雙魚座的木星賦予了在許多上升雙魚身上特有的性格優點和樂觀天性，因為有時木星對雙魚座的影響比現代主宰行星海王星的影響更加明顯。事實上，我們應該常留意上升雙魚命盤中木星落入的星座和宮位，以洞察這類人的能量本質。上升雙魚能同情和幫助遭遇困難的人，而且臨事總能泰然處之，即便是遭逢不幸，也能出人意料地保持淡定。如同上升處女（雙魚的對立星座），上升雙魚不認為幫助他人是值得誇耀的功勞，或冀望藉此得到別人的肯定。

中天

變老和變得成熟往往意味著我們年輕時所追尋、憧憬的目標和夢想正一步步具體化的過程。中天星座、中天主宰行星所落入的位置，以及第十宮的行星便象徵了這個過程。中天星座雖然並非總會顯化為外在性格，卻永遠是命盤中的重要部分，因為它描述我們的人生志業和在世間立足點的發展。幾乎所有的占星書籍都會指出，中天（Midheaven，常縮寫成MC）象徵個人「職業」或「地位」等面向。年輕時，人們往往不太能認同中天星座所代表的能量型態，除非在這個星座中還包含一顆或更多個人行星。中天象徵我們隨年齡增長而自發性地想養成的特質，這些特質需要經過努力才能建立。中天代表每個人的成就、權威、對社會的潛在貢獻，以及人生志業或「天職」，如果我們能順利展現中天星座所代表的能量，就能實現人生目標。

中天的主宰行星

中天星座的主宰行星之所以重要，不僅因為它整體的象徵意義，也因為它所在的宮位透露出我們人生志業最能清楚聚焦的地方，也就是在極深刻的層次上發揮真正天職的經驗領域。如果你的中天位於同時擁有傳統與現代主宰行星的星座之中，那麼這兩顆行星座落的宮位對你來說可能都是重要的。而且，傳統主宰行星所落入的星座通常比現代主宰落入的星座更為重要。

第十宮的行星和中天相位

第十宮裡的行星——尤其是與中天合相（無論位於中天的哪一側）的行星，代表對我們極為重要，以及我們所重視的存在方式、特質、活動類型。由於它是這麼重要，我們往往有意識地對外展現這些特質或傳達這些能量，使別人對我們產生好的評價。

除了合相之外，其他與中天形成的緊密相位也幾乎同等重要。不過，這些相位是哪一種類型，遠不及與中天形成相位的行星以及這些相位本身的精確度來得有意義。傳統上，這些相位與我們對外界展現的自我、職業、事業目標有關。任何與中天形成緊密相位的行星都代表某種能量型態，以及要成就世俗地位時不可或缺的能力與特質，用來幫助我們對社會做出貢獻。

舉例來說，如果案主的金星與中天形成緊密相位，那麼他應該能為社會做出藝術方面的貢獻，或者為這個世界製造出美麗的事物。此外，與人一對一的互動對於案主對外的自我表現可能是重要的，而且他很可能希望能在社會上達成令人愉悅的成就，或與他人協力共同做出一些貢獻。

我不假思索就想到三位出版商的例子，他們星盤中的木星都與中天形成非常緊密的相位：其中一個是合相，另兩個是六分相。傳統上，木星是掌管出版事業的行星——因此中天的相位能象徵我們的社會地位，這一點是很精準的。

第七章

宮位的詮釋

宮位代表星座和行星能量在某個特定領域運作的狀態。傳統占星學中，宮位不僅象徵外在經驗和環境，也點出主觀經驗或態度等個人內在狀態。占星師藉由觀察本命盤上行星落入的宮位來判斷在個人生命旅程中，哪些經驗層面和領域會特別被強調。以下指南可以加深對宮位的理解，尤其是宮位意涵在心理上的重要意義。

全面性的宮位詮釋法

我認為在研究宮位之前，必須將星盤視為一個整體。常見宮位的定義是將所有宮位區分成角宮、續宮、終止宮。**角宮**（第一、四、七、十宮）與自動自發的特質有關，對個人生命結構有直接的影響；關鍵字是**行動（或反應）**。**續宮**（第二、五、八、十一宮）與個人欲望，以及希望控制和鞏固的生命領域有關；關鍵字是**安全感**。**終止宮**（或譯「果宮」或「變動宮」，第三、六、九、十二宮）是想法與觀念交流傳播的領域；關鍵字是**學習**。

從角宮出發，進入續宮和終止宮，再回到角宮的嬗遞過程，象徵了每個人生命經驗的流動循環——我們採取行動，鞏固成果以獲得安全感，然後從過程中學習，並得知有哪些事情尚待完成，為此而再度行動。因此，如果某人行星落入的位置強烈突顯出上述某一類宮位，那麼此人無疑會將大量能量投注其中，並面臨許多關於行動、安全感或學習方面的挑戰。

此外，宮位也能依星座元素分為三類：

水象宮位（心靈層次的三位一體〔Trinity〕——第四、八、十二宮）處理過往的歷史，以及出於本能或衝動下的反應。落入這些宮位的行星顯示潛意識正發生的事，也代表我們拋棄阻礙進步的回憶和恐懼以獲得覺知的過程。星盤上水象宮位被強調的人，相當程度地活在情感和靈魂深處的渴望之中，這些需求支配著他們大多數的生命活動和能量的應用。位於水象宮位中的行星會影響我們的情感傾向、內在衝動、危機處理方式，以及內心私密的程度。水象宮位的關鍵字是情感與靈魂。

土象宮位（資源層次的三位一體——第二、六、十宮）關係到我們設法滿足現實世界中基本需求的經驗。落入這些宮位中的行星賦予我們輕鬆應付現實，甚至管理資源的能量。這些宮位被強調的人活力充沛地活在物質世界中，藉由取得成就、地位、安全感來實現人生目的。這類人希望在生命中有個安身立命的合適角落，因此不斷找尋能發揮生產力，也最能滿足生存需求的方式。他們往往靠努力工作累積有形資產，並藉由「當個有用的人」來證明自我的存在。他們總是企圖實現某種天命，或達成現實世界中的某些任務。土象宮位中的行星影響我們看待職業和成就感的態度，以及累積成果的效能。土象宮位的關鍵字是物質，它主要處理與物質世界相關的事物。

火象宮位（生命層次的三位一體——第一、五、九宮）關係到我們對生命和生存所抱持的態度。火象宮位代表我們投注於世界的能量，以及驅使我們前進的理想和精神等動力。這些宮位被強調的人活在具前瞻性、對未來懷抱熱情的理想之中。信仰、自信（或明顯缺乏自信）以及透過行動對世界產生影響力的渴望，支配了他們大部分的生命力。他們將夢想投射到外在世界，並透過實踐來感受自我的價值。火象宮位的行星影響個人對生命的觀點，以及對自我的信念與自信。火象宮位的關鍵字是自我意識，因為我們的身分意識和存在感決定了看待生命的整體態度。

風象宮位（「關係層次的三位一體」——第三、七、十一宮）不僅與社交聯繫或關係的建立有關，也牽涉到觀念的範疇。風象宮位被強調的人活在心智和各類關係之中，將大部分的生命能量投注於觀念的建立與分享。他們透過與人互相理解、辯證或表達想法和觀念，來感受自我的存在。落入風象宮位的行星產生的影響偏重在興趣、嗜好、表達模式、社交方面。風象宮位的關鍵字是愛好交際與智能。

以下列出上述概念的關鍵字，方便讀者理解：

表現模式	**經驗層次**
角宮：行動	水象宮位：靈魂和情感

續宮：安全感
終止宮：學習

土象宮位：物質
火象宮位：自我意識
風象宮位：社交與智能

水象宮位

第四宮

第四宮是情感與靈魂直接作用的領域。這些經驗層面的行動多半取決於超乎我們控制的因素。傳統上，第四宮和家或家庭有關。試想，有哪個生命領域的反應和行為，能像我們與家人相處時這般地出於習慣和情感？第四宮也象徵作為復原和滋養（或缺乏滋養）生命源頭的家。

第四宮被強調的人，行事作風多半建立在深層的情感基礎上，以便回應他們童年或早期環境的經驗。他們渴望得到平靜，因此對獨處有強烈的需求，並往往專注於內在生命發展和促進靈魂進化的活動。

第八宮

第八宮表現出在情感與靈魂層面獲得安全感的需求。與此宮位有關的性慾，不僅是出於一種生理本能，也是透過與人融合來獲得終極安全感的心理體現。有些人會藉由操控權力與金錢來產生影響力，他們的最終目的也是取得這種安全感。

第八宮被強調的人可能會在價值觀、權力結構、性或靈性知識中找尋歸屬感，然而只有當暴烈的情感和衝突開始瓦解時，他們才能真正獲得靈魂深處的平靜。與第八宮相關的神祕學，目的就在於讓人能深刻認識生命法則，並作為一種內在平靜的有效工具。由第八宮所代表的性慾就展現了藉由與大於自我的力量緊密結合而獲得重生的渴望。簡言之，這個宮位代表追求情感平靜的經驗，而這只能藉由擺脫欲望與近乎強迫的執念來達成。

這八宮也牽涉不同形式的能量釋放，以及與能量相關的概念或活動，包括治療藝術、神祕學、性、轉化、投資、財務責任。

第十二宮

第十二宮代表情感與靈魂學習的領域。這種學習往往表現為伴隨孤獨和苦難而成長的覺知、無私的付出，或是願意為高尚理想而奉獻。在深刻的生命層次上，第十二宮代表臣服於高層宇宙力量、獻身於超驗理想，以及擺脫老舊制約，以尋求生命轉化的需求。

土象宮位

第十宮

這個土象宮位處理我們在現實世界中的行動。傳統上，第十宮代表個人在現實世界中的地位、聲望、企圖心、職業。我們在物質世界中的所作所為，都是為了形成某種聲望或形象，而為了確保行動有效，還必須建立權威——這也是第十宮的議題之一。這些關鍵字說明了傳統上對第十宮的定義：希望在世間有所作為的企圖心，以及達成貢獻社會的使命感——超越個人欲望並實現更高層次的理想。

第二宮

第二宮的關鍵字是物質安全感。這個詞適切地描述了這個宮位與金錢、收穫、財物的緊密關聯，也代表在物質環境中對人事物的控制欲。上述傾向的共同本質便是安全感，因此許多第二宮被強調的人不只關切金錢本身，也渴求在物質世界中獲得足夠的安全感，因此需要掌握大量的資源（這其中往往包含了金錢）。第二宮的行星通常能清楚表現出我們對物質欲望的態度。

對於第二宮被強化的人來說，內心的安全感也來自於大自然所賦予放鬆和安定的力量。因此，他們與生俱來便與自然環境保持著意義深遠的和諧關係，他們對大自然的看重絕不亞於實際擁有物質資源。我們可以推論，這個宮位對形式和物品的依賴，表現出此生命領域與土元素之間牢不可破的關聯。

第六宮

第六宮向來與工作、健康、服務、責任、助人有關。如果我們知道這個宮位的本質是透過參與物質面的事務來促進學習時，就不難理解這些活動背後的動機。

我們主要透過健康狀況來認知身體的需求，並在每天履行的工作和責任義務中務實地定位自我，這些經驗無疑幫助我們學習謙虛、承認自身的侷限，並為身心健康負起責任。當我們瞭解到第六宮代表一種淨化、提升的階段，以及透過與物質世界直接接觸來培養謙虛的態度時，才能以正確積極的方式看待這個宮位的意義。

火象宮位

第一宮

第一宮是屬於角宮的火象宮位，代表個人展現自我意識的行動。傳統上，這個宮位與身體能量和形貌有關——身體代表我們對外表現的狀態。這個世界透過特有的動作和表情來辨識我們，同時也被我們的外在舉止所影響。第一宮的關鍵字是我們專屬的創造力、主動精神、領導力、自我表現的模式。

第五宮

第五宮是屬於續宮的火象宮位，代表對認同感的追求。這個宮位被強調的人藉由能反映個性的人事物，來尋求內在的快樂與滿足，例如我們所創造的藝術、我們愛的人或物品，以及受人肯定、關注或讚賞的欲望。希望自己變得重要以及獲得認同的驅力通常都與這個宮位有關，包括生兒育女、創造力、戀愛。

這個宮位也關係到冒險的心態。幾乎所有與第五宮有關的事物（賭博、戀愛、生育小孩、創造力、展現自我）本質上都帶有一定的風險性。在不停變動的經驗中，我們得以學習、成長，並藉由培養能力和勇氣，對自我越來越能把握。

第九宮

第九宮是屬於終止宮的火象宮位，代表自我層次的學習，也就是學習認識真正的自我。這個基本原則衍生出一種虔敬和樂觀的態度、旅行、追尋，以及與這個宮位相關的活動。

第九宮被強調的人喜歡從事能拓展覺知、擴大知識領域、有助於洞悉人性，以及盡可能將宇宙整體作概括性思考的活動。他們需要追尋個人成長與發展，也需要享有開闊的空間和無限的可能性。

風象宮位

第七宮

第七宮象徵社交與智能方面的活動。一對一的關係是這個宮位關注的面向，因為所有的社會結構和連結，都倚賴這種人際關係的本質而建立。我們在夥伴關係中所發揮的特質也能套用在其他生命領域，包含健康、財務、性、子女、職業成就等。第七宮被強調的人，他們建立的夥伴關係也會強烈影響到社交生活和智能發展。

第十一宮

第十一宮是屬於續宮的風象宮位，代表對社交與心智安全感的追求。本命盤第十一宮被強調的人往往會加入特定群體，或結交志同道合、想法相近的朋友，不過他們彼此之間對問題的看法卻可能南轅北轍。他們在心智上的追求，驅使他們涉及、探究廣大的思想體系，如政治學、形而上或科學的範疇。這類人要獲得安全感最有效的方式是發揮強烈的使命感，這些使命不僅為滿足個人需求，也必須顧及社會整體的利益。

第三宮

第三宮代表社交與心智層面的學習，因此這個生命領域會出現各種形式的資訊交換，諸如溝通技巧、媒體傳播、商品推銷等。第三宮被強烈突顯的人對於與人溝通有著深切、甚至無法饜足的需求，他們以輕鬆友善的方式與不同特質、興趣各異的人打交道（視這個宮位中有哪些行星而定）。第九宮是利用受啟發的直覺心靈來學習，而第三宮則是運用邏輯能力、理智、無止盡的好奇心來達成學習目的。

第三宮不僅關乎溝通的議題，也代表心智運作的方式。落入這個宮位的行星顯示我們如何運用心智、連結思想，以及我們的思考模式對整體生活造成什麼樣的影響。

宮位的詮釋指南

根據多年諮商經驗，我發現利用下列指南來理解本命盤，以及由本命盤所反映的生命經驗，結果格外精準[1]：

(1)宮位顯示我們將注意力投入的面向。一個宮位中如果聚集多顆行星，代表在這個人的生命中，這些經驗必須得到更多關注。

(2)宮位顯示我們的生命能量自然匯聚的領域。在與行星落入宮位有關的活動和經驗中，我們得以展現這些行星的能量。

例如：金星落入第四宮，代表我們在與居家、家人或與父母有關的私密環境與經驗中，能最自然展現金星代表的愛和情感的能量。追求享樂的傾向與尋求社交慰藉的渴望，也最可能在私密環境和自己居住的家中輕鬆地得到滿足。

(3)行星落入的宮位顯示我們在該領域最可能直接遭遇這些行星象徵的經驗面向。

例如：金星落入第四宮，代表我們在非公開或私密的活動中，最能體驗愛、分享情感、建立家庭或追求靈魂的發展。

(4)行星落入的宮位顯示我們在該領域能自然地滿足這些行星所象徵的需求。

例如：水星落入第七宮，代表我們透過親密關係和夥伴關係，來滿足心智與溝通方面的需求。

1本書提供的宮位詮釋指南，並不像行星落入各星座的詮釋那麼詳盡，原因是，我喜歡以開放角度來理解宮位的概念，因為每個宮位實際上都有無數衍生的意義，而且每個人的環境、價值觀、背景、意識都展現了獨一無二的型態。再者，偏重詮釋位於星座中的行星，是比較容易且恰當的，因為星座代表生命中運作的真實能量，而宮位則顯得較為次要。因此就算不考量宮位，我們也可以相當準確地解讀星盤，就像即使缺乏準確的出生時刻，以行星為主的詮釋仍能在占星諮商中發揮不錯的成效。最後，行星所在的星座和相位非常重要，如果忽略這些資訊，只針對宮位來詮釋本命盤，往往會產生不準確的評估。我們應該利用最可靠的因素，並在與案主的對話中發掘出生命底層的真相。

行星落入各宮位

☉ **太陽**落入的宮位，代表我們能直接在這個生命領域體驗本然的自我意識和創造力。這些經驗賦予我們活力，是獲得幸福感不可或缺的要素。

☽ **月亮**落入的宮位，代表我們在這個生命領域尋求情感上的滿足、安全及舒適感。我們最能在這些經驗中找到歸屬感，以及建立較為穩固、清晰的自我形象。

☿ **水星**落入的宮位，代表我們在這個生命領域體驗溝通的意義；我們的思維能力在這些經驗中相當活躍，為了讓這些經驗更有條理，我們可能需要時常與他人交換心智能量。

♀ **金星**落入的宮位，代表我們在這個生命領域尋求享受、滿足、快樂。我們最能在這些經驗中分享自我價值和溫柔情感，並培養對他人深刻的認同，以及享受被人欣賞的感覺。

♂

火星落入的宮位，代表我們在這個生命領域展現自信、發揮勇氣，表現積極主動的態度。在這些經驗中，維持身體健康的能量至關重要。理想上，這個生命領域的活動會賦予我們生命能量，並激發我們的鬥志。

♃

木星落入的宮位，代表我們在這個生命領域中體驗信仰、信念，以及對未來的希望。在這些經驗中，我們最容易能培養出對成長與自我提升的樂觀態度和覺知。

♄

土星落入的宮位，代表我們在這個生命領域中體驗到安定感、結構、深刻的滿足，以及生命意義。我們必須在這些經驗中努力工作、承擔責任，並將壓力視為形塑性格的力量。這個宮位對我們的靈魂演進來說尤其重要。

♅

天王星落入的宮位，代表我們在這個生命領域中體驗到自我的獨立性、原創性、天賦才能、客觀的認知，以及接受刺激的需求。在這些經驗中，我們能自由善用直覺與創造力，以大膽實驗的態度展現自我，也能發展關懷社會和促成改變的議題。

♆

海王星落入的宮位，代表我們在這個生命領域中最能體驗到非物質面、神祕與超自然經驗，以及具啟發性的事物。我們在這些經驗中發揮豐沛的想像力，也習慣性地想逃脫僵化、受壓迫或無趣的環境，同時尋求淨化和提升生命層次的方法。在這個生命領域中，我們可能會將事物過度地理想化。

♇

冥王星落入的宮位，代表我們在這個生命領域中體驗到生命態度與制約模式的徹底轉變。我們在這些經驗中通常能產生特別深刻和通透的體悟，而且更能坦然地接受其中所包含提升個人覺知的意義。

宮位的決定性關鍵

我們應該注意與宮頭在6度範圍內合相的行星，無論這顆行星位於宮頭的哪一側，都應該被視為同樣落入這個宮位。舉例來說，如果某人第五宮的宮頭位於射手座24度，金星落入射手座18度，那麼他的金星便可視為與第五宮的宮頭合相。傳統占星師大多將位於射手座18度的金星理解成第四宮的金星，其實這種傳統見解預設了每個「宮位」都能清楚界定不同生命領域的立場，每個宮位乍然開始、乍然結束，其間壁壘分明。然而，經驗告訴我們，宮位其實就像一個能量場，強度會緩慢增加、達到高峰，然後漸行消退。[2]

或許這樣的詮釋角度可以讓我們恰當的理解星盤中地平線合相（也就是指當行星與上升點或下降點合相時）的意義。我常聽聞占星學子的困惑：「我的火星落入第十二宮，但是它表現得好像是第一宮的行星。」或者「我的第七宮是空宮，雖然第六宮的土星距離第七宮宮頭4度，但是如果你見識過我的生活，就會覺得這顆土星應該落入第七宮才對。」無疑地，如果一隻動物走路的樣子像鴨子，而叫聲也像鴨子，那麼牠很可能就是一隻鴨子。因此我們可以推論，這些人確實擁有第一宮的火星和第七宮的土星！

任何與上升點或下降點在6度範圍內合相的行星，都應視為落入第一宮或第

2高奎林的研究證實了行星與宮頭合相的重要意義，即使這顆行星是位於宮頭的前一個宮位。

七宮的行星。這些行星代表對個人來說十分重要的生命經驗，甚至是判斷整體生命觀點時最重要的因素。同樣地，任何與中天（在大多數宮位系統中是第十宮的宮頭）或天底（中天的對立點）合相的行星，在動機、聲望、安全感、家庭影響各方面（第十宮和第四宮的議題）都會產生重要的影響力。即使該行星顯然落入第三宮或第九宮，但只要位於中天或天底6度範圍之內，情況便是如此。

宮頭星座的詮釋

落入續宮和終止宮宮頭的星座同樣屬於互為關聯的系統，它們和四個落入角宮（第一、四、七、十宮）宮頭的星座一樣能說明性格底層的動力。然而，就人格形塑的角度來說，非角宮宮頭的星座就不是那麼重要或值得注意了（除非星座內有行星）。理論上，我們可以參考下列指南來詮釋宮頭星座，但有一點必須謹記：如果採用不同的宮位系統，或出生的時刻有誤差（即使只有幾分鐘），那麼靠近星座開頭或結尾部分的宮頭就可能屬於不同的星座！因此當我們判斷宮頭星座時必須更為謹慎保守。整體而言，我們最好將重點放在行星所在的宮位，而非將空宮或宮頭星座視為重要因素。

⑴宮頭星座顯示我們對這個宮位象徵的經驗層面所採取的處理方式和態度。例如：天秤座位於第六宮的宮頭，掌握所有物質事務的經驗，以客觀公正的方式達到學習目的。天秤座落入第六宮宮頭的人能迅速感受工作上發生的紛擾，或個人健康方面的不協調狀態，並設法調解、合作、維持平衡。再舉一個例子：金牛座位於第十一宮的宮頭，代表藉由維持穩定的狀況和清楚掌握現實，來尋求社交和心智方面的安全感。透過明確認知具體現實的存在獲得理智層面的自信；經由與人建立忠誠的友誼滿足社交需求。

⑵宮頭星座能顯示這個宮位所象徵的經驗本質，以及在這個生命領域中被激發、活化的能量。例如：雙魚座位於第二宮的宮頭，代表在物質安全感中帶有逃避現實或混淆不清的特質。無論這個人在其他方面多麼務實，在擁有穩固資源的態度上，總是帶有若干理想主義或疑慮不安。這個人似乎正學習拋棄這些經驗所產生的控制感。

第八章

行星的相位

在個人層次上，本命盤的「相位」代表各種生命能量之間的互動，也就是行星之間，以及上升點或中天與行星之間的角度。相位向來被形容成由星盤所描繪的能量場中各種能量中心（行星）間的力線（lines of force）。在這個能量場中，相位度數限於360度的圓周範圍內。本書將探討重點放在最常被運用的相位——30度的倍數相位，這些是我認為可靠且具啟發性的「主要相位」。相位理論已經多見於其他的占星學論述，因此本書用意在於提供深刻理解相位的詮釋指南。

相位可分為兩種類型：一種是挑戰或動態相位：包括四分相、對分相、十二分之五相（此相位有時需考量涉及的行星和星座元素是否和諧），以及合相與半六分相[1]。這些角度顯示緊張的內在經驗，通常會促成某種明確的行動，或至少在所象徵的經驗中產生更深刻的體悟。雖然占星學作家往往使用「不和諧」、「困難」或「壞的」來指稱這些相位，不過這類用語容易造成誤解，因為每個人

1我並不鼓勵占星初學者使用45度和135度相位，儘管它們廣為占星師所運用，但我不認為它們特別精準。這些相位約有50％涉及座落在和諧元素上的行星，因此可被視為中度和諧相位。另外50％則涉及座落在不和諧元素上的行星，可被視為中度挑戰相位。

都有可能藉由承擔責任、工作或挑戰，調和被釋放的高強度能量，進而發展出一種相對和諧地展現能量的模式。挑戰相位顯示相關能量（以及擁有此相位的個人生命領域）並未和諧地振動，它們往往彼此干預而造成緊張的狀態，彷彿兩股能量波處於不協調的關係中，形成一種不穩定或惱人的基調。然而，這種干擾或不穩定性卻可能促使個人採取行動來化解這種緊張狀態。舉例來說，水星與火星之間的相位可能顯露出對溝通（水星）缺乏耐性（火星）、對學習（水星）的強烈驅力（火星）、過於強勢主張（火星）個人想法和意見（水星）的傾向、易怒的神經系統、過度挑剔的本質等。但如果這種內在張力獲得控制與舒緩，那麼這個人或許能將這股巨大的驅力發展成需要以敏銳才智作為後盾的優秀技能。這樣的互動模式可以上圖表示。

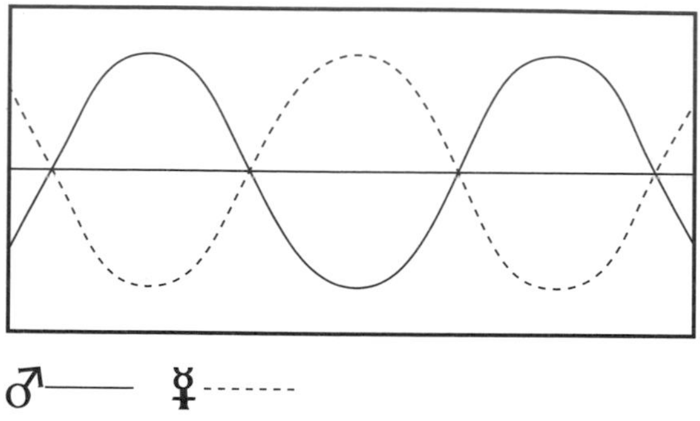

另一種是和諧或流暢相位：包括三分相、六分相、某些合相與半六分相（需視涉及的行星與星座元

素是否和諧而定）。這些角度顯示個人與生俱來的能力，以及能輕鬆而熟悉地加以運用或發展的表現模式。這些能力構成一套穩固可靠、隨時可供個人運用的資產。雖然有些人或許偏好將能量和注意力投入更具挑戰的生命層面，不過流暢相位確實代表了可以發展出非凡才能的潛力。相較於挑戰相位，流暢相位說明一種與生俱來、自然而然與順暢的管道和諧一致的狀態；而挑戰相位則指出需透過努力、積極行動，並開發自我表現的新管道，才有進行調整的可能。和諧相位顯示涉及的能量（亦即此人的兩個生命領域）和諧地振動，因此在能量場中相輔相成，類似兩股能量匯於一流。

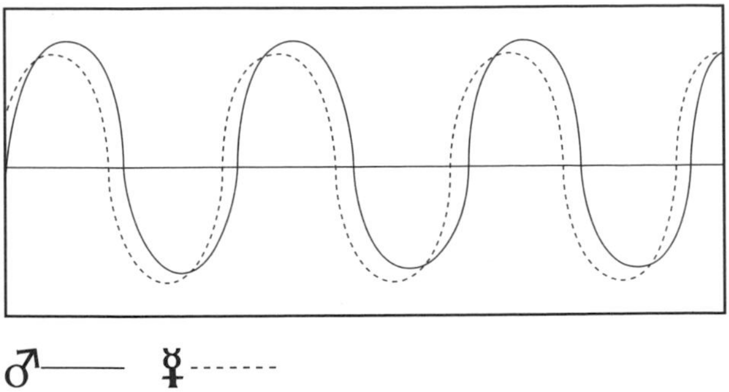

同樣舉水星與火星的例子來說明。水星與火星的和諧相位代表兩股能量自動融合，因此產生了心智的力量、堅持理念的動力、強健的神經系統，以及將想法化為明確行動的能力。這就好像水星以智能引導火星確立自我，同時，火星也為水星的洞察力與表達力供應了熱能。這樣的互動模式可以前頁圖表示。

相位詮釋的重點之一，是根據相關行星和星座的特質來評估每一個相位。有大量證據顯示，在許多案例中，三分相反映出造成破壞或產生問題的情況，儘管傳統占星認為三分相是「有益的」相位。例如，星盤中出現天王星三分相的人往往極度自我中心、無法與人合作、自以為無所不知，而且太快專注於自己感興趣的事物，以致於對他人十分缺乏耐性。相較之下，挑戰相位所象徵的能量卻相當集中、強勁、能有創造性地展現，不過也往往呈現衝突和困難。如果我們可以理解在挑戰、努力，甚至痛苦中所蘊含的價值，那麼便能以準確、深刻且務實的態度理解相位。

相位詮釋法則

我採取的相位詮釋法則是：

星座中的行星說明表現特定能量的渴望與對滿足感的需求，而相位透露能量流動的狀態，代表個人需要付出多少努力，才能表現出某些特定的欲望，或滿足某些特定的需求。

換句話說，特定相位並無法說明一個人是否將經歷或完成某件事，但它的確告訴我們，我們需要花費多少努力來達成特定的結果。以下提供相位的詮釋方向供讀者深入研究和理解。

主要的相位

合相（0度）：在星盤上的每一種合相都值得重視，因為這代表兩股生命能量劇烈融合和互動。力量最強大的合相，是涉及個人行星（太陽、月亮、水星、金星、火星）或上升點形成的合相。此類合相總是顯示出強烈的能量流動與自我表現（視行星和星座而定）的模式，也能呈現每個人生命中（視宮位而定）最主要的議題。合相的基調是行動和自我投射。

半六分相（30度）：半六分相在傳統上雖被視為次要相位，但有時甚至比合相更值得注意，必須視所涉及的行星，以及這兩顆行星的其他相位而論。呈半六分相的行星彼此之間不停互動，並且不斷蓄積能量。它們通常不會產生四分相那樣龐大的壓力，而且事實上，它們也往往比十二分之五相更為溫和，但是如果相位相當緊密時，半六分相會展現出一種持續性，而且幾乎總是明顯可察覺的。

六分相（60度）：六分相似乎是向新事物開放的相位，包括新的人、新的觀念、新的態度，而且象徵與他人或理念形成連結的潛能，最終可能為個人帶來全新的學習經驗。這種相位通常涉及元素和諧的星座，因此擁有相容的特質。六分相顯示個人所能達到新的理解層次和更客觀的生命領域，因此也可能產生無比自由的感覺。六分相代表自然而然的能量調整，有時也指出某種明確的技能。

四分相（90度）：四分相通常涉及座落於不和諧元素的行星，因此需要非常努力才能整合這些分歧的能量。任何緊密的四分相都牽涉到一顆代表主要生命挑戰的個人行星。四分相顯示能量必須被釋放的地方，通常得透過明確行動來重新建立新的結構。許多占星師認為四分相具有土星的本質：它代表你必須處理的問題。與四分相有關的另一項土星的本質是恐懼，因為我們往往害怕去處理星盤上四分相所象徵的事物。害怕接受挑戰的結果，會限制住手邊可以運用來處理困境的能量。

三分相（120度）：三分相代表能量輕鬆流入既有的表達管道。此人不須進行生命活動的重大調整，便能有創造力地利用這股能量。涉及三分相的行星透露通常能自然整合的生命領域，以及共同合諧流動的能量。（請注意，三分相一般出現在相同元素的星座之間，這是能量和諧共存的基礎。）然而，三分相時常顯示為一種存在狀態，而非一種行事方法，因此我們往往將三分相所指涉的才能視為理所當然，因而不覺得有必要努力迎接挑戰，或以更有建設性的方式來運用這股能量。

十二分之五相（Inconjunct，或譯梅花相位，150度）：這種相位指出行星所象徵的生命領域之間有強烈的能量流動，但個人要體驗到這些能量恐怕有些困難。要同時察覺這兩股能量的存在並不容易，通常需要有意識的覺知。請注意，十二分之五相通常涉及不僅座落在不和諧的元素，而且分屬不同類型的星座。（例如落入雙子座和摩羯座的行星之間產生十二分之五相，這個相位牽涉到風象變動星座和土象創始星座——雖然兩者性質有很大的差異，但卻可能將深刻的理解力和務實的技藝完美地結合。）認識這兩種能量是有必要的，因為這兩個因素往往彼此依賴。因此，如果無法同時察覺這兩股能量，其中一種可能會干擾另一種而造成問題，因為能量沒有妥當地結合。要有效認知這種相位需要敏銳地辨識、調整面對這些生命領域的態度，而非設法強行解決問題。

對分相（180度）：對分相通常涉及座落和諧元素的行星，這種內心能量場的過度興奮，往往使為個人受困於性格中截然相反的傾向。這種情況通常為個人關係帶來持續的挑戰。由於每個人都傾向於將自我本質的不同面向「投射」到他人身上，因此嚴重缺乏客觀性，也難以區分是自我或是他人的能量。個人星盤中擁有對分相，類似於在兩種不同（有時是對立）的傾向之間被拉扯。相對的星座在許多方面擁有相似的特質，而且事實上是互補的特質，然而不可否認的，相對的星座在許多方面也是全然對立的。

容許度與行星的互動模式

相位當然不只是數學上的角度。相位中涉及的行星和星座描繪出在我們內心相互作用的能量。涉及緊密相位的行星代表甚少單獨被表現或感受的經驗層面，這些行星總是彼此影響，無論它們在本命盤中形成哪一種主要相位。在許多方面，兩顆或更多行星之間的相位類型，在詮釋上並不比兩股持續互動的特定能量來得重要。

舉例來說，太陽與天王星之間的緊密相位大多擁有相同的特質，無論是四分相、三分相、十二分之五相或半六分相。如前文所述，不同相位確實表現出相當程度的差異，然而我選擇將注意力放在相位所涉及行星能量的互動與融合。在特定的個人身上，某些行星組合的正負向表現是有可能共存的，而且會被同時展現出來，無論它們的確切角度為何。某些相位發揮影響力的強度，不可避免地與相位的準確度有重大的關聯。

事實上，多年的諮商經驗讓我確信，最嚴格精準的相位向來是最有效的相位，而且應該給予它們最多的注意力。占星學子在進行諮商或星盤評估的初步階段，應該先留意星盤中最緊密的一個或多個相位。有些占星書籍建議學生在詮釋相位時可以允許多達12度的容許度，然而我認為，越懂得如何有效進行占星工作，容許度的範圍就應該設得越小。

我必須說明，對大多數相位來說，8或9度的容許度是完全無法被接受的，因為這樣的相位已經嚴重無效！也就是說，這些能量的互動已經不帶任何程度的動能。只有太陽、月亮或上升點相位可以考慮7度的容許度，至於其他相位，6度的容許度已經算是非常寬鬆的標準了。我極力建議初學者最好專注於容許度不超過5度的相位。

在評估本命盤的任何相位時，要納入考量的不只是相關行星的固有特質，還包括每顆行星是否座落在和它「意氣相投」的星座中——也就是，能讓行星自由展現特質的星座。倘若行星落入的星座本身就有內在衝突，那麼縱然是和諧相位，也會表現得不那麼和諧。反過來說，如果行星落入的星座特別地舒適、相稱和相容，那麼即使是挑戰相位，也不會是乍看之下那麼嚴厲的考驗。

概括來說，星盤中的每個相位實際上都是獨一無二的，因為它以一種錯綜複雜的方式和整個星盤的結構交織在一起（也以這種方式深入個人生命脈絡）。因此，我們必須理解基本的相位詮釋法則，至於要深刻詮釋星盤上每一個複雜的因素，終歸需要累積廣泛的經驗。

行星交互作用與融合

請注意，三顆外行星所形成的相位，以及當這些相位孤立於星盤其他主要因素之外時，都不應視為主要的詮釋依據。天王星、海王星、冥王星都帶有超越個人的意義，因為它們駐留在一個星座的時間長達許多年，因此可以用來釐清整個世代中集體心理某些層面的狀態。舉例來說，占星初學者大可不必為了解讀天王星和海王星的四分相而苦惱，而應該先學會辨別星盤上的主次要因素。

然而，如果海王星與土星合相，而且兩者都與太陽形成四分相，那麼這個相位——太陽、土星、海王星的能量融合——就非常值得留意了。

本書將重點放在星盤中首要的可靠因素，因此僅針對絕對重要的相位提供說明，這些相位只涉及個人行星、木星、土星、上升點。因為在個人層次上，其他相位相對來說並不重要，除非牽涉到星盤中的主要位置、整體結構或主題。

以下依據行星法則羅列簡明的相位指南。我再次強調，光靠來自書本的知識，或為從未謀面的人進行推測式「解讀」，面對面的對話能更快達成深刻的理解。本書使用的關鍵詞，旨在鼓勵讀者瞭解基本要點，並且獨立思考，以便將相關原則應用到真實情境。因此，以下論述不區分挑戰或和諧相位，而務求讓讀者瞭解特定行星間不同的合作方式。尤其是和諧相位往往會產生負面的特質，當然也有不少挑戰相位展現出兩顆行星正面積極的特質，這些狀況都與傳統的僵化觀念大異其趣。

以下我會提及各種相位中的行星交互作用所產生的差異，並加入一些觀察心得，以總結某些相位的整體意義。占星學者法蘭西斯・沙柯安（Frances Sakoian）的理論對於學習各種相位有莫大助益，我參考了許多她的說法，並引用在本文中。

太陽的相位

太陽的相位強烈影響身體活力的發揮、自我表現的輕鬆與否、創造力的激發、身分認同，以及自我是否容易獲得滿足感。任何與太陽合相的行星，都象徵個人維持完整身分意識不可或缺的某種事物。整體而言，與太陽處於和諧關係的行星會增加幸福感，而與太陽形成挑戰相位的行星，則透露出個人為了獲得幸福感而必須克服或調適的障礙。

太陽／月亮的交互作用

- 創造性能量與對情感安全的渴望交互作用；需要以舒適、自信及創造力的方式展現個性。
- 自我形象混雜了生命力與自我表現的需求。

＊所有的太陽／月亮相位都格外重要。這些相位對個人的自我感、健康和自信產生巨大的影響力。和諧的能量交融顯示個人能展現最好的狀況和最核心的生命目標。挑戰相位（尤其是四分相和對分相）則往往顯示本能的自我感阻礙了創造力的展現，讓人很難對自己產生好感，而且人格核心的內在張力似乎構成永久性的心理特質。

太陽／水星的交互作用（只可能出現合相與半六分相）

• 溝通方式活潑，說話時能量煥發；有時未能察覺自己真正的想法。
• 與他人建立關係的需求帶有創造性的能量；往往天生具備開創性的心智才能。

太陽／金星的交互作用（只可能出現合相、半六分相、半四分相）

• 對享樂的需求融合了生存和創造（往往與藝術有關）的渴望。
• 與他人交換能量時，個人意識會得到強化——往往展現出極為親切或溫柔的態度。

太陽／火星的交互作用

• 內在的欲望點燃充沛的創造性能量，而維持身分意識的需求，則不停為內心的欲望提供實踐的動力。
• 身體能量與自我表現融合無間，產生強烈的動能和行動需求。
＊**所有的太陽／火星相位都會大幅提升生命的活力，並透露出表現和證明自我的**

迫切渴望。處於這類相位中的人需要極大的自我滿足感，因此有時會顯得傲慢自大。他們極具領導才能，以及採取行動和開拓領域的勇氣。

太陽／木星的交互作用

• 希望受人肯定的需求與拓展自我的驅力相互影響，藉以形成比自身更偉大的存在。
• 信仰和樂於接受恩寵的態度融入個人意識。
＊所有的太陽／木星相位都顯示出希望藉著事業的成就來引人注目，以及滿足自我的高度需求。從事舞台工作、大型企業工作者的命盤中經常見到這種相位。

太陽／土星的交互作用

• 生存與創造的驅力結合了對穩定感的需求，這種保守傾向往往對獲得自信和幸福感形成挑戰。

•尋求安全與保障是個人存在的基調，這個特質使得這類人顯得比同輩更老成一些，即使他們還很年輕。

＊土星與太陽的相位往往是艱困的，即使是三分相或六分相。擁有太陽／土星相位的人異常敏銳察覺到自己的侷限和缺點，而且在許多情況下，會將這些侷限性放大，甚至耽溺在過度自我譴責或自我壓抑當中。由於防衛心、無力感，以及缺乏價值感，使得創造力（或愛）的展現受到阻礙。他們對自我的瞭解以及自我表現的需求顯得很不切實際！對於擁有這些相位的人來說，經驗和時間是唯一的解決之道，他們可以透過達成具體成就和承擔責任來認識自己的價值。

太陽／天王星的交互作用

•能量煥發的內在自我融合了改變、刺激、實驗、反叛的驅力，生命力因為這種自由度而蓬勃發展。

•個人意識帶有原創性與發明才能——往往十分具有創意和反傳統精神。

＊擁有太陽／天王星相位的人充滿反傳統的特質。事實上，他們之中有許多人經

常固執地以自我為中心。他們多半展現出有趣、活潑、鼓舞人心的形象，不過也經常覺得被誤解或不被理解，部分原因是他們總是如此地不按牌理出牌。他們通常有勇氣維護與眾不同的信念，甚至展現出一種瘋狂的真誠，這會引發爭議，但也會贏來尊敬。他們對單調、一成不變的厭惡，使他們表現出卡爾·裴因·托比（Carl Payne Tobey）所稱的「流浪漢精神」（hobo spirit），為了想改變而改變，或者捨棄大多數人希望保有的東西。

太陽／海王星的交互作用

- 個人意識和基本理念體現了藉由想像力、理想主義或靈性追求來超越物質世界的渴望。
- 對靈性經驗的領悟會影響自我表現模式，但可能造成身分感的混淆。

＊擁有這種相位的人迫切需要他人真誠的回應，以建立真實清晰的自我意識。他們往往過度高估或低估自己的能力和價值。

太陽／冥王星的交互作用

- 生命態度充滿了對死亡經驗和徹底重生的強烈渴望。
- 將意志力貫注在改革與轉化自我或外在世界。

＊冥王星和太陽之間的緊密相位總是帶來深刻的洞察力、嚴肅的個人意識，以及覺察到比星盤其他部分所揭示更黑暗或艱困的生命層面。擁有這種相位的人具備極大的毅力和縝密的思維，有時會讓身邊的人十分驚訝，因為這種能力可能完全不曾展露。

太陽／上升點的交互作用

- 真實的自我能對外展現到什麼程度，成為生命核心議題的挑戰。
- 創造的衝動與自由表現自我的需求刺激了行動力的展現，並發揮他人無法忽視的影響力。

月亮的相位

月亮的相位不僅顯示個人是否擁有正面、正確的自我形象與內在自信和安全感，也可以從中看出個人如何表達或運用較深刻的感覺和想像力來處事。個人對生命經驗的當下反應是否達到目的並能解決困境，或者是不適當而產生困惑？此外，月亮相位也敏銳揭露出哪一種事物會促進或干擾個人情感的波動。月亮和月亮的相位象徵個人對生命境遇的反應和調適方式。比起其他行星，或許越有挑戰性的月亮相位確實越能預測可能出現的困境，而和諧相位往往指出月亮較正面、令人愉快舒適的表現層面。

這並非意指我們無法因應星盤上的月亮相位作出調適，因為我們確實能設法維持客觀。只不過挑戰相位顯示我們必須付出努力才能獲得客觀性，而這種客觀性在和諧相位中卻是自然而然就能產生的。

事實上，月亮是維持自我客觀性的關鍵。在相稱的星座中擁有和諧相位的月亮，代表天生就擁有對自我的客觀性，因此能形成相當正確的自我形象。但是當月亮處於緊張相位，我們往往以為每件事情都是針對自己而來，無法保持超然的態度。在這種情況下，我們很難隨著變動的環境輕鬆地自我調適，結果在相關的行星、星座、宮位所代表的生命領域中，個人的自我形象往往顯得相當不真實。

再者，當月亮與另一顆行星合相時，通常會大量減低對這顆行星所代表經驗的覺知度和客觀性。並非所有與月亮的合相都必須被視為挑戰相位，而是這種合相所代表的事物是無意識自動產生的。有時，這確實是幫助我們通過生命考驗的一大恩賜。誰不希望帶著與月亮合相的木星或金星出生呢？

以下月亮相位的指南，相關概念來自占星師揚斯基（Robert C. Jansky）的論點：與太陽、水星或金星形成挑戰相位的月亮，顯示自我無法表達對某些事物的感受。而當月亮與其他行星形成挑戰相位，則透露出無力應付生命要求的感覺。

月亮／水星的交互作用

- 情感與理智不斷互相拉距，強烈激盪思考的模式。
- 客觀的心智理解能力與主觀的情感判斷順利融合或產生衝突。

月亮／金星的交互作用

- 自動調適情感的能力，可能增進或妨礙施與受的表現；性格上可能顯得敏感，或對他人過度敏感。
- 對感官享受和社交互動有強烈的反應。

月亮／火星的交互作用

- 帶有本能和野心的強烈情感反應，化為採取行動的本能衝動。
- 迫切達成個人欲望的需求來自於自我適切感得不到滿足。

月亮／木星的交互作用

- 對於與宏大秩序的結合並超越自我有著高度敏感性——對他人的行為非常寬容，但是對他人想法則未必如此。
- 潛意識透露出樂觀的擴張傾向；也較能表達熱情。

＊這些相位儘管具備樂觀向上、活潑、慷慨的調性，卻可能膨脹了對自我形象的關切，導致極度虛榮或極度害羞。擁有這些相位的人有時過度在意別人對他的印象，所以往往對小事投入過多的情感和反應。經常出現誇張、奢華的衣著打扮、習慣和消費行為。

月亮／土星的交互作用

- 家庭方面的驅力透露出藉由具體成就和承擔責任來獲得安全感的需求。
- 需要持之以恆的努力，才能獲得自我適切感，但往往抑制了情感的表達。

＊自我防衛和缺乏自信是這類人的明顯特色。即使在未受批評的情況下，他們也常會認為自己遭受批評，因此無法敞開心胸傾聽別人的回應。他們兒時所處的環境——尤其有挑戰相位的人——往往充滿壓抑、孤獨或必須擔負重任的氛圍。

月亮／天王星的交互作用

• 對各種經驗的反應總是混合著一種原創性與不可預測性。
• 希望不受拘束展現自我的渴望，會促進或阻礙內在獲得滋養、安全感、平靜的機會。

＊這些相位以某種非常奇特、甚至戲劇化的方式展現影響力。擁有月亮／天王星相位的人渴望用極端的方式來改變身分，擺脫來自過去的羈絆和制約。他們對拋棄過去的渴望可能強烈到需要改換名字，這象徵了他們想摒除舊有形象的欲望。他們常發現難以在當下獲得快樂，因為他們總是強烈受到過去的（月亮）和未來的（天王星）的影響。他們經常心神不寧，只有身處強烈的刺激之中才會感到安適，而這往往相當耗損身心！

月亮／海王星的交互作用

- 情感反應夾雜著逃脫物質世界限制的渴望；可能為某種理想全力奉獻。
- 自我形象帶有某種靈性色彩，而且只有在專注於追求靈性理想時才能獲得安全感。

月亮／冥王星的交互作用

- 深刻、深沉的反應方式；藉由內在徹底轉化與重生來獲得情感上的安全。
- 需要將情感和意志力投注於重塑自身反應模式和消除老舊的感覺／形象，藉以產生內在的滿足感。

＊根據月亮／冥王星相位，尤其是挑戰相位，我們可以進行一項有趣的研究，來探討個人對於父母親和教養方式的態度。我見過許多月亮與冥王星呈現合相或對分相的人不由自主地被媽媽型的人吸引，但其中卻又夾雜混淆不清的感受，

而且往往非常害怕成為父母親。在某些例子中，他們（包括男性和女性）完全不考慮生養子女，即使擁有舒適的婚姻關係。他們有時對安全感有強迫性的需求，同時深深害怕依賴別人或遭到遺棄。有些人在幼年就體驗過遭父母親（通常是母親）拒絕的感覺。

月亮／上升點的交互作用

- 對生命的觀感帶有敏銳的直覺色彩，對環境的高度敏感會強烈影響情緒的起伏。
- 對情感和安全感的渴望，以及將潛意識展露於外的需求，會影響到自我表現模式。

水星的相位

水星的相位，與其說是個人智能高低的指標（有些占星師和占星書籍會這麼誤導我們），不如說是個人表達與溝通能力的指標。畢竟，有些非常聰明但靜默的人，未必擁有能量充沛的水星。水星相位顯示有意識的心智調節，以及個人如何表達與溝通想法。水星也是所有身心功能協調能力的指標，對應到整體神經系統。在研究了許多職業運動員後，我發現他們經常擁有強大的水星相位（尤其是合相），這些人絕非智力高超，但是他們身心協調的狀況非常良好。

水星／金星的交互作用

- 與他人分享情感和瞭解他人的能力，強化了個人才智的展現。
- 透過良好的溝通和令人愉快的交往，以維持平衡的和諧思維；喜歡與人親近。

水星／火星的交互作用

- 有意識的心智結合了肉體能量（例如展現良好的手眼協調度），激發靈活充沛的思維能力。

- 採取行動的需求有助於使個人專注於學習過程和溝通相關的課題。

水星／木星的交互作用

- 溝通模式和思考方式受到開放和樂觀的態度影響；具備廣泛的哲學思考能力，以及旺盛的好奇心。
- 需要探索各種興趣。需要在信任的基礎上，透過共同的承諾和一致性的理念與人建立連結。

水星／土星的交互作用

- 客觀和清晰的表達方式，結合規律、謹慎的態度與系統化方法；通常擁有良好的記憶力。
- 藉由對秩序感與傳統知識的掌握，有意識地穩定心智發展；表現出持久、務實的思維能力。

水星／天王星的交互作用

- 心智和語言能力帶有獨立性與原創性；心思敏捷，常忽略細節而走向極端。
- 以新穎獨特的方式展現敏感且具創意的思維；對他人遲鈍的心思和正規教育缺乏耐性。

水星／海王星的交互作用

- 活躍的思維往往觸及宇宙的主題；喜歡用想像力探索未知的經驗。
- 表達看法和展現才智的需求帶有理想色彩；具備高度敏感、細膩的心智。

水星／冥王星的交互作用

- 洞悉生命核心經驗的渴望構成溝通基礎；具備熱烈、高度凝聚力的心智。
- 需要透過強烈、轉化、深刻的經驗來學習——即使必須打破禁忌。

水星／上升點的交互作用

- 需要在許多生命領域展現技能、靈巧、聰明的特質。
- 說話、尋找邏輯關聯，以及進行理解，是自我表現模式與整體生命態度中不可或缺的部分。

金星的相位

金星的相位主要會影響在有覺知的情況下與他人建立關係的能力，包括親密的一對一關係，或是較為普遍的社交關係，以及是否能在這些關係之中體驗到情感的滿足。此外，金星的相位也透露出我們是否容易表現愉悅，以及享樂的需求是否容易得到滿足等訊息。所有與藝術相關的事物、各種品味與社交風格都由金星掌管。金星相位清楚顯示個人能否輕鬆付出與接受情感，而且和諧的金星相位代表在行星、星座、宮位所涉及的層面中，擁有順暢的施與受管道。

然而，四分相、對分相和其他各種金星的挑戰相位，也不一定表示得不到愛或無法感受愛，只是這些角度確實經常透露個人會習慣性地阻礙自己對愛的表達，或是接受他人的愛。努力辨明這些障礙和恐懼，並改善該領域的能量流動，就能大幅增進對愛的滿足感，並從中得到快樂。

金星／火星的交互作用

- 激烈、活力充沛地表達情感；有時會展現明顯的情慾。
- 對愉悅與和諧感的追求體現為欲望與行動力；行為舉止往往相當富有藝術性；結合力與美的能力特別能展現在體育類的活動。

*金星與火星之間的互動主要影響到愛的關係。金星與火星的和諧相位促進金火能量的各自展現，而挑戰相位或許象徵更熱烈的情感強度，不過在許多情況下，這些情感顯然較難以處理。金星與火星形成挑戰相位的人往往缺乏耐性、容易發怒，而且喜好變化不定。在這種情況下，他們時常突然強勢地付出「感情」

和展現「關心」，而另一方卻根本不認為這是愛和情感的表現！即使金星與火星沒有形成主要相位，藉由元素來比較它們之間的相容性，仍然是非常有效的方法。

金星／木星的交互作用

- 以開放、大方、熱烈的方式示愛，性格中有明顯的審美傾向。
- 喜愛冒險和自我提升的需求影響到對關係的態度；金錢觀和情感的表現可能過度耽溺於感官享受和揮霍。

金星／土星的交互作用

- 在安全、穩定的環境中能輕鬆表達愛意；以忠誠的態度建立關係；如果拋開恐懼，能展現極為深刻的情感。
- 需要透過分工合作、承擔責任和彼此承諾來感覺與人緊密連結。除非獲得保證，否則在表達情感時會遲疑而猶豫，這種不願冒險的態度可能導致社交生活相當沈悶。

金星／天王星的交互作用

- 需要與人分享自我意識，以及關係中興奮、自由的感受，來替彼此的情感充電。可能不夠敏感而且自我中心。
- 需要參與各種獨特的娛樂活動來獲得滿足；可能喜歡調情。容易對關係感到厭倦，而且不喜歡被占有。

＊當關係行星（金星）與以自我為中心的獨立／叛逆行星（天王星）產生相位時，可能會為這類人帶來情感處理上的困惑，而且具有挑戰性。

金星／海王星的交互作用

- 渴望擁有理想的愛情；生活在浪漫唯美的夢想或心靈願景中。模糊的恐懼感或逃避現實的傾向，可能有礙真正關係的建立。

- 需要表達情感，以便體驗與生命合而為一的感覺。完全融入一個整體，使情感顯得純粹而且敏銳。

金星／冥王星的交互作用

- 付出深刻情感的同時，需要經歷徹底的轉化，並勇於挑戰社會的禁忌。
- 洞悉生命核心經驗的渴望——強烈極端的色彩會影響情感的表達和品味。

金星／上升點的交互作用

- 對社交和愛的需求影響到整體的生命態度。
- 藝術的美感和精緻的品味融入自我表現模式。

火星的相位

任何涉及火星的相位都說明有關力量、體能、性能量、果決行動、領導力、嘗試新經驗的勇氣，以及主動開拓生命領域的精神。在火星活躍的領域要保持耐性一向很困難。然而在物質世界中，我們通常需要耐著性子，才能從火星所代表衝動、有創造力的行動中，獲致最好的成果。

火星／木星的交互作用

- 對身體和性刺激或創新的需求，促成勇於冒險和追求成就的驅力。
- 欲望和進取心投注於提升自我和改善他人生活的宏大願景（往往在個人選擇的領域中展現領導能力）。

火星／土星的交互作用

- 需要以有組織、有紀律的形式展現果決的行動力；耐心有助於達成個人目標。

- 身體、性、領導的能量投注於追求高難度的目標和明確的成果。

火星／天王星的交互作用

- 帶有原創和獨立的特質，以欠缺耐性的態度確立自我——往往非常叛逆。自由自在的感覺能供給身體能量。
- 強烈需要來自身體和性的刺激；希望在生命的各領域展開令人興奮的行動。

火星／海王星的交互作用

- 能夠將理念和夢想付諸行動，實現遠大的願景。崇高的理想有助於取得成就。
- 希望超越物質世界以及追求性慾的渴望之中，帶有生動的幻想成份，以及（可能是）超自然層面的特殊天賦。

火星／冥王星的交互作用

- 渴望透過果決（有時是無情）的行動來改變現有局勢和消除現實的障礙。
- 帶著覺知將意志力運用在徹底轉化和改革行動；渴望洞悉經驗的核心。

火星／上升點的交互作用

- 需要對外展現確立自我、開創新局、積極進取的強烈驅力。
- 身體、性、領導的能量融入自我表現模式。

木星的相位

牽涉到木星的相位都值得仔細檢視，因為木星會擴大它所觸及的一切事物。木星顯示我們希望在哪個領域讓事情有所進展，使它們發展到極致，或徹底發揮自己的能量——通常是在十分高尚的層次上。然而，木星的擴張本質與無所不在的樂觀如果沒有加以節制，也可能導致在相位、星座、宮位所代表的領域中過度地自我膨脹。慷慨、積極、心胸開闊、達觀的態度是木星經常展現的特質，在最好的情況下，這些特質能為獲得木星能量加持的生命領域帶來崇高的理想和出色的成就。

整體而言，涉及個人行星或上升點（或中天）的木星相位對每個人來說都很重要。當然，木星與其他行星間的互動也可能相當重要，如果木星（或與其他行星共同）主宰了上升點、太陽星座或月亮星座，或以其他方式與星盤中的重要主題產生密切關聯。因此，假使這三個主要因素之一是射手座（或雙魚座——由木星與海王星共同主宰的星座），那麼所有的木星相位都需要更為留意。

木星／土星的交互作用（當木星或土星主宰星盤中被強調的星座時尤其重要）

- 親近宏大秩序的渴望被落實到現實層面，外顯為對實際成就的野心。
- 不斷擴張的驅力，以及為獲得安全感而極力地維持既有結構的傾向相互影響。

*在星盤中，無論土星或是木星被突顯，其能量的展現方式都值得細細玩味。木土的挑戰相位有時會造成困境，使人難以看清自己的抱負和長期目標。木星和土星的合相往往相當和諧，以集中的能量激發強烈的企圖心，然而，擁有其他相位的人則時常深覺自己缺乏足夠的努力、金錢或機會，等到過度自我擴張之後才發現，他所擁有的東西事實上多到無法應付。無論覺得擁有太多或擁有太少，情況同樣令人挫折。他們非常需要學習運用手上現有的資源來滿足自己。

木星／天王星的交互作用（當木星或天王星主宰星盤中被強調的星座時尤其重要）

- 以個人主義、非傳統方式來實踐受到激勵的信仰和遠大的未來願景。
- 追求改變、實驗、刺激的需求大幅膨脹。

木星／海王星的交互作用（當木星或海王星主宰星盤中被強調的星座時尤其重要）

- 非常需要感覺與大於自我的存在合為一體，以超越小我，並擺脫對個人俗事瑣碎的關切。

- 相信無形的經驗是真實存在的，這有時會導致過度活躍的想像力和不停想逃避的傾向，不過偶爾也會產生有意義的靈感。

木星／冥王星的交互作用（當木星或冥王星主宰星盤中被強調的星座時尤其重要）

- 需要體驗徹底重生的感覺，而這份需求也促使個人對宇宙宏大的秩序產生信任感。
- 透過轉化的力量提升自我。

木星／上升點的交互作用

- 需要展現向外擴張、自信、心胸開闊的特質。
- 信仰和樂觀成為自我表現模式的特質，也影響到整體生命態度。

土星的相位

土星的相位顯示能量集中之處，尤其是生命中特別需要嚴肅看待的領域。土星相位揭露我們是否能輕鬆處理關於限制的議題：透過某種程度的限制和適當的管道來運用力量和權威，或者因為重重受限而無法展現自我。此外，如果過度自我設限，那麼我們可能必須重新去適應約束自我的方式。

整體而言，涉及個人行星、上升點或中天的土星相位，對每個人來說都是最重要的相位。然而，土星與其他行星的交互作用也相當重要，例如土星主宰或共同主宰上升點、太陽星座或月亮星座，或以其他方式與星盤中的主要主題產生關聯。因此，倘若這三個主要因素的其中之一是摩羯座（或寶瓶座——由土星與天王星共同主宰的星座），那麼所有的土星相位都需要更加留意。

土星／天王星的交互作用（當土星或天王星主宰星盤中被強調的星座時尤其重要）

• 感覺到需要努力展現原本的自我，並賦予非正統的想法可實踐的形式。
• 追求改變和刺激的需求結合了被社會肯定的渴望——需要在傳統規範當中努力。

*這些融合可能對個人的整體態度產生深刻的影響。在最好的情況下，土星／天王星相位創造性地結合了務實的能力、進步的觀念和達成目標的新方法。然而，如果木土未能妥善整合，汰舊換新的過程中難免遭遇困難，因為有這種相位的人希望追求自由和刺激，但卻不願捨棄過去。

土星／海王星的交互作用（當土星或海王星主宰星盤中被強調的星座時尤其重要）

• 以嚴謹規律的態度追求靈性理想；與世俗和超自然世界頻繁互動，可能導致現實感不彰或思考缺乏條理，不過能務實掌握現實世界中微妙的層面。
• 渴望擺脫僵化固著的有形結構和呆板的限制；追求成就的野心可能充滿理想色彩。

土星／冥王星的交互作用（當土星或冥王星主宰星盤中被強調的星座時尤其重要）

- 徹底重生與轉化的渴望能帶來深刻的安全感；希望藉由努力工作擺脫過去的陰影。
- 迫切需要瞭解自己內心真正的想法，以及極深層的欲望和動機——往往是非常強烈的野心或抱負。

土星／上升點的交互作用

- 需要對外展現企圖心與負責任的態度，散發認真務實的生命情調。
- 受約束的能量和可靠的特質融入自我表現模式。

上升點的相位

上升點與行星之間的相位總是十分重要的，因為這些相位影響了個人看待生命的整體態度和觀點。然而，在判定上升點相位之前，應該先考慮出生時刻的準確程度，因為出生時刻約每四分鐘就會造成上升點（以及所有宮頭）達1度的變化。因此，如果出生時刻有半小時的誤差，原本看似與上升點的緊密相位，可能實際上與精確的相位角度會產生7度以上的差距。

然而，行星與上升點形成緊密相位，確實會造成該行星的特質與上升星座的能量展現方式徹底融合在一起，因此我們可以利用上升點相位作為判定出生時刻是否正確的指標。舉例來說，在依據某特定出生時刻繪製的星盤中，如果有任何行星與上升點緊密地合相，但是該行星的能量在星盤案主的人格中卻不那麼明顯，那麼很有可能這個出生時刻（或計算星盤所使用的標準時間、日光節約時間或時區）是不正確的。

天王星／上升點的交互作用

- 需要對外展現獨立性和特殊性，而且自然而然地以非正統、不可捉摸的態度來應對生命。

• 創造才能、個人主義與及對刺激的渴望融入自我表現模式。

海王星／上升點的交互作用

• 需要對外展現同情心、想像力或靈性特質，整體生命態度也沾染了這些色彩。使身體敏於察覺外界的影響。

• 幻想、夢想、靈感構成整體的自我表現模式。

冥王星／上升點的交互作用

• 激烈的性格、極度保密、敏銳的洞察力影響了生命的整體態度。

• 帶有強迫性的轉化能量融入自我表現模式——強大的意志力可能讓事情變得更好或更糟。

外行星的相位

在介紹完重要的外行星相位之後，以下總結幾項關於外行星相位的整體意義。

天王星的相位

天王星使被觸及的任何事物得以「充電」和加速發展。天王星會促成間歇性、突發性的狀況，以及帶來迅速的改變。在任何生命領域中，天王星都會引發刺激因子，並打破規則和傳統，為它所觸及的事物增添某種不穩定性，以及對刺激的渴望。

海王星的相位

海王星使被觸及的事物變得純粹和敏感。它將事物理想化、精神化，或以完美的表象欺瞞各種對象。在任何生命領域中，海王星都會為其增添一點魔力、想像力或靈感，無論個人能否在現實世界中腳踏實地，並有效、健康地利用這些能量。

冥王星的相位

冥王星以強烈的意志力為被它所觸及的事物增加了強度並賦予能量。冥王星會呈現深刻與徹底的特質，並表現出消滅老舊多餘的模式和習慣的渴望。透過意志力和心智力量，冥王星可以重塑自我，在最好的情況下展露極大的自律能力，以及進行內在和外在的改革。而在最壞的情況下，冥王星在它所代表的領域中會顯現為帶有強迫性、勝者為王的無情態度。

第九章

星盤綜合詮釋指南

占星學的起源始於某種宏遠的宇宙一致性意識。

——歌德

要對一個星盤作出綜合性詮釋，光憑高超的分析技巧，其實是不太可能做到的，況且這些關鍵技巧的確無法被完整、清晰地傳授，只有靠經驗的累積，加上（在某種程度上）天生的直覺力，才能覺察本命盤的整體意義。話雖如此，仍有若干指南能為新入門和中等程度的占星學子提供這類幫助，不過卻很少被列入參考書單。如果占星學子能熟悉這類指南，將省下多年摸索的時間，也能改正錯誤的思維習慣，克服令人挫折的困惑。

相較於傳統認知，現代占星學必須承認並強調以整體觀點來看待本命盤的必要性，將本命盤中的所有要素，視為鮮活完整內心世界的一部分。我們可以倚重電腦來推演星盤，但利用電腦進行大量數據分析和歸納，並無法獲得精準的詮釋。星盤綜合分析法是一門藝術——許多人只學會基本功，但極少有人懂得運用這門藝術，它的難度在於：我們不只需要看懂星盤，還必須瞭解案主，理解案主的生命課題。掌握星盤綜合分析法的第一步，就是學會辨識反映個人生命主題的因素，在此我推薦一些參考資料，它們能帶領讀者走上兼顧整體性、開放、動態的星盤詮釋途徑：諸如拉德雅從整體詮釋本命盤方法的革命性著作，以及查爾斯．卡特《占星學基礎論文集》（*Essays on the Foundations of Astrology*）中關於星座組合的材料，以及崔西．馬克斯《星盤詮釋藝術》一書中，系統地引導讀者追蹤星盤的主要因素，並指出觀察的優先順序，都是難能可貴的精湛見解。

當然，我的其他著作也深入描述了涉及星盤綜合詮釋的因素，一如許多讀者所評論的：「這些描述瀰漫著綜合分析的感覺，證明每一股能量都以某種方式和另一股能量產生交互作用。」《木星／土星會談講稿》（後更名為《現代占星學新洞見》）以專章講述星盤綜合詮釋的課題，《占星學的實踐與職業》則說明星盤綜合基礎上的重要原則。此外，我所撰寫的諮商相關及如何有效運用占星學的著作中，有很大一部分都直接探討星盤綜合的課題。

本書的結構和章節順序反映出我認為各種星盤因素的重要程度，以及每個因素在什麼程度上可以準確地被運用和解釋。例如，本書開頭對四元素著墨甚多，就代表四元素是一開始詮釋星盤就必須被重視的資訊。接下來講述行星落入各星座，因此行星是任何星盤中第二重要的因素。每顆行星都強烈地沾染它所在星座的「色彩」或「調性」，該星座也不可避免地成為這顆行星的主調之一，通常還是強勢的調性。然而，還有其他因素也會影響特定行星的表現，茲補充說明如下。

影響行星調性的因素

每顆行星都代表特定的經驗層面，而且這些經驗會被眾多因素所干擾。換言之，我們必須理解生命中的各個經驗層面（透過行星來展現）究竟沾染上什麼的調性或色彩。當你開始檢視行星，就必須考量許多因素，事實上，你得運用大量的心靈能量同時體會這一切。以分析為導向的邏輯能力根本無法應付如此大量繁複的變數——而每一個變數都在發揮程度略異的影響力。

以下因素都會影響到行星表現，在相關經驗層面展現出某種調性或色彩：

(1) **行星落入的星座**。這是行星在星盤中能量的振動和調和方式，象徵這顆行星本質的首要表達模式，其他因素則會調整這種模式。

(2) **行星的次調**。行星的定位星（dispositor）落入的星座，僅限於運用在古典的行星主宰系統。（例如月亮落入處女座，而水星落入射手座，那麼案主便擁有帶著射手座次調的處女座月亮）。

(3) **行星的緊密相位**。每一種主要相位（包括所有的30倍數相位）都會明顯影響行星的表現。

(4) **行星落入的宮位**。如果案主的金星落入第三宮，他就類似於擁有水星和金星的相位，這會在金星的基調上增添水星的調性。

我們可以不停加入各種次要因素來解釋，但這麼做只會使原本已經非常複雜的局面變得更加複雜，而最終會得到一個結論：每顆行星都受另一種要素影響，或是沾染上它的調性！當然，若就宇宙的一致性／整體層面來看，情況無非如

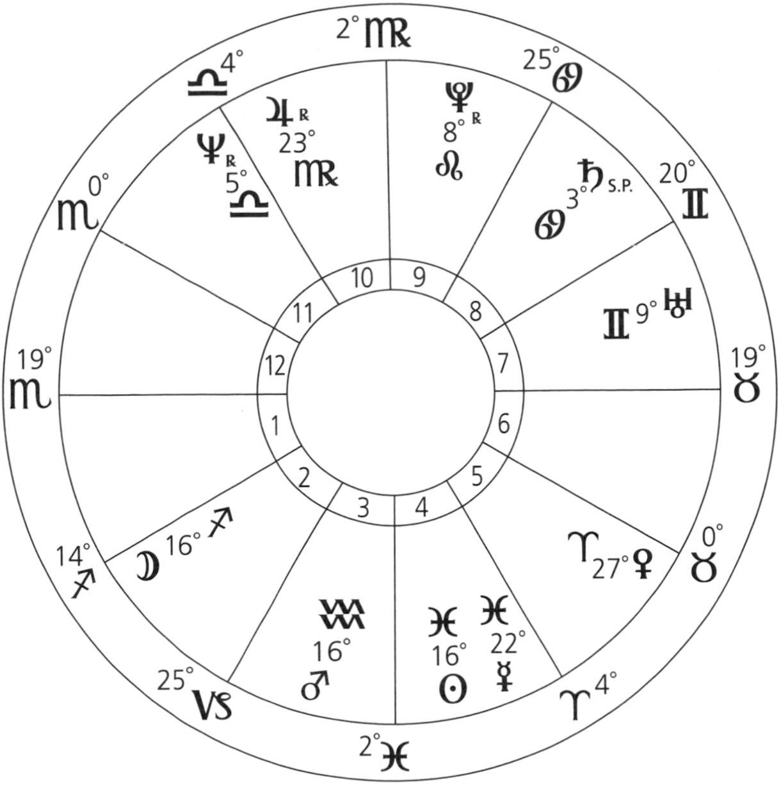

此。只不過就星盤綜合詮釋的實用目的而言，為了更清楚瞭解個人明確的特質、能量、能力和困境，我們必須將注意力限縮在某些範圍內，選擇性地專注於主要的可靠因素，尤其是那些重複出現的因素。

我們不妨以上圖的星盤作為案例，而且只關注一顆行星。

由於月亮落入射手座，案主對各種經驗或情境作出反應時，會表現出帶有優勢的射手座調性。月亮的法則就是「反應」，代表我們對外在事件如何本能且自發的反應。無論其他因素對案主的月亮產生什麼樣的影響，面對生命的要求和壓力，案主的反應方式總是帶有射手座的特質：直率、猛烈的防禦性、心胸開闊、熱情、寬容、展現將生活小事與大議題連結的需求，以及喜歡說教或講道的傾向。因此，月亮落入的星座是案主在反應上的主調。其後，我們再來考量這個星盤上的其他因素。

月亮的次調：月亮的次調是處女座，因為射手座的主宰行星木星落入處女座，所以案主擁有特別熱中分析的射手座月亮。落入處女座的木星總是努力分析，希望弄清為什麼月亮代表的自我面向是如此毫無來由的樂觀——因為處女座總是能挖掘出無數的問題！畢竟處女座與射手座呈四分相。當這兩個星座能量充沛時，確實會造就一個非常愛用腦力的人。因此，案主的射手座月亮增添了處女座調性。

月亮的相位：首先最重要的相位是雙魚座的太陽與月亮形成緊密的四分相，因此雙魚座的敏感性會影響到較強勢且相對不敏感的射手座月亮，同時，射手座月亮熱情和樂觀特質也不停渲染到謹慎、內向的雙魚座太陽的表現方式。而落入寶瓶座的火星與月亮形成緊密的六分相，為射手座月亮增添了實驗和冒險色彩，進一步激發旅行的渴望，以及對改變和刺激的愛好。這種傾向更因為天王星與月亮的緊密相位而得到強化。此外，月亮也指出案主能從旅行、學習、刺激和各種變動中獲得內心的舒適感。（請記住，案主的太陽和月亮都落入變動星座，因此渴望變化，而且在適應改變時非常能靈活變通。）

截至目前為止，影響月亮的各種調性組合傳遞出相當清楚而強烈的訊息。然而，當我們檢視星盤上月亮所在的宮位時，情況就顯得相對複雜。月亮落入第二宮，這裡通常是相當舒適／相稱的位置（金牛座是月亮的強勢宮位，而金牛座與第二宮有關）。然而，當一個人將這種穩定、不願改變、喜愛日常享樂和頑固的第二宮調性，加入與這些特質正好相反的月亮時，我們就必須和案主深入討論許多重大問題表面下複雜的本質。（補充說明，案主主要靠教學維持生計，也常需要外出旅行主持研討會。他甚至長期在國外帶領工作坊，落入二宮的射手座月亮準確地象徵了這個事實！）

人性是如此複雜，當我們開始進行星盤綜合分析或詮釋時，到底需要詳細到什麼程度？每顆行星本質都與其他因素交織在一起，而且時常混合了複雜的調性和色彩，以致占星學子（尤其是初學者）往往覺得困惑和氣餒——這正是為什麼星盤解讀必須因應個案所涉及的特定議題、困境、選擇、疑惑來作調整。我們應該專注於對案主來說重要的事情，才不至於迷失在無窮的可能性之中。

瞭解本命盤中的主題

在考量影響星盤中個人行星的各種基調之後，我們或許會注意到一種或多種似乎特別強勢的調性一再出現。藉由辨識這些調性，可以獲知星盤上的重要主題。利用「占星字母系統的十二個字母[1]」來組合星盤的因素，查看在這些組合中有哪些重複的組合（或「交互作用」），是進一步瞭解生命主題的有效方法。

占星字母系統法則：

字母1：牡羊座、火星與第一宮
字母2：金牛座、金星與第二宮
字母3：雙子座、水星與第三宮
字母4：巨蟹座、月亮與第四宮
字母5：獅子座、太陽與第五宮
字母6：處女座、水星與第六宮
字母7：天秤座、金星與第七宮
字母8：天蠍座、冥王星與第八宮
字母9：射手座、木星與第九宮

1心理學博士多賓斯（Zipporah Dobyns）是首位推廣「占星學字母系統的十二個字母」概念的學者，我發現這種統合的概念在簡化星盤詮釋時十分有用，而且用在我教授綜合星盤的課堂上尤其有效。

字母10：摩羯座、土星與第十宮
字母11：寶瓶座、天王星與第十一宮
字母12：雙魚座、海王星與第十二宮

舉例來說，倘若案主的星盤不僅擁有落入天蠍座的火星（占星字母1與字母8的交互作用，因此火星能量展現的色彩或調性會沾染冥王星特質），而且還包含緊密的火冥相位（字母1與字母8的另一種交互作用），這顯示出相同能量的組合被雙倍強調了，所以火星能量會因為具備冥王星特質而顯得十分強烈。如果火星也位於第八宮，或者冥王星位於第一宮，那麼這個主題甚至會更加強勢。

再舉一個例子來說明這種綜合分析的模式。如果案主擁有落入摩羯座的水星，那麼他的心智調適能力將不可避免地與其他擁有這類水星位置的人具備相同的本質。但如果其他人擁有與水星形成緊密相位的土星，那麼我們便得知在相同主題上（占星字母3與10。如果這個人的水星有強烈的處女座特質，那就是6與10）有兩種強調的面向。因為在相同動態的雙重強調，我們得以知道案主有下述強烈傾向：處理精確的細節、認真務實的思考態度、神經緊張，以及企圖努力確立想法。如果在本命盤中還有其他因素也代表了相同法則之間的交互作用（例如在第十宮的水星，或者在第三宮或第六宮的土星），那麼在案主的生命中，這個主題會具備更大的主導性，這麼一來，我們完全可以確認這是諮商時需要探討的重點之一。

另一個問題也是占星學子在綜合詮釋星盤時難以處理的，就是涉及一些不同相位的行星分布型態。事實上，只有長年的實務經驗累積能讓學習者克服這個看似無法跨越的障礙，因為我們必須培養出一種能力：將星盤視為一個整體來看待行星的相位圖型，並在如此複雜的組合中，解讀相關行星相互揉合的意涵。雖然許多教科書中充斥各種相位圖型（大三角、T型三角、大十字、風箏等）的理論，但這似乎讓我們在整體解讀上變得更加困難。事實上，這些相位圖型中，我們只要記住兩項比圖型類型重要得多的基本認知：

一、首先，我們必須瞭解這些相位圖形中所涉及行星的意義，以及行星之間特定

的交流方式，而非關注圖型的類型為何，如此我們才能以一種可以準確反映個人體驗能量的方式來理解它。任何一種相位圖型都有其效用和創造性，因為它們全都代表行星能量如何被強化的互動方式。其次，我們再以相位圖型所涉及的星座能量互相融合的角度來解讀星盤。

二、我們應該將注意力放在相位圖型中的個人行星（或上升點），因為它們象徵整個圖型能量最直接的展現方式，也透露出部分被察覺的存在狀態，因此對我們的日常生活經驗有直接的影響。這樣的解讀下，案主將能辨識某顆個人行星的意義，也更能瞭解並修正／調整這股能量的展現方式。

最後，我整理出一份簡單、系統化的星盤詮釋概要，按照因素考量的優先順序，為初學者列出理解星盤的步驟。初入門的占星學子確實需要一套按部就班的方法作為星盤詮釋的起點，這個標準能讓他們朝星盤的主要因素前進，同時對任何星盤的整體本質和綜合的可能性保持開放態度，再藉由經驗的累積，來掌握星盤中彰顯的重要生命課題。

星盤詮釋概要

一、將星盤視為一個整體

A.檢視行星位置的優勢與劣勢

1.依據行星落入的星座來判斷

(a)屬於哪一種元素（火象、土象、風象、水象星座）

(b)屬於哪一種模式（創始、固定、變動星座）

2.依據行星落入的宮位來判斷

(a)屬於角宮、續宮、終止宮

(b)屬於火象、土象、風象、水象宮位

B.觀察星盤的整體類型；將星盤視為各種能量型態的圖解，特別注意強力突顯特定星座與宮位的星群（stellium）。

二、星盤結構的主要因素

A. 以占星字母系統觀察在星盤上浮現的主題，以及探究特別顯著的調性。

B. 留意主要的相位圖型與型態（大三角、T型三角、星群的分布、兩個星座間行星的多重相位等）。

三、注意「發光體」（Lights）

A. 從元素角度判斷太陽與月亮的相容性

B. 太陽

1. 落入什麼星座

2. 落入哪個宮位
3. 最緊密的相位為何

C. 月亮
1. 落入什麼星座
2. 落入哪個宮位
3. 最緊密的相位

四、角度（判斷以下因素必須依據精確的出生時刻）

A. 特別留意上升點或中天的合相；涉及這些相位的行星總是能量充沛，強度也會被放大。

B. 上升點
1. 落入的星座，並從元素的觀點判斷與太陽星座的相容性

2. 最緊密的相位

3. 上升點的主宰行星所在的星座與宮位，以及形成的緊密相位

C. 中天

1. 星座

2. 最緊密的相位

3. 中天的主宰行星所在的星座和宮位

五、評估行星的傳統技巧

A. 依據行星落入的星座來判斷行星的強弱狀態，是處於榮顯（Dignity）、失勢（Fall）、強勢（Exaltation）或弱勢（Detriment）。

B. 依據行星落入的宮位來判斷行星的強弱狀態（例如，落入自己宮位的行星會特別強勢——擁有相同的占星學字母。）

C.留意太陽星座的主宰行星，以及這顆主宰行星座落的宮位、星座、相位。

六、星盤結構的構成要素

A.留意個人行星所涉及最緊密的四分相或對分相。它說明我們最重要的生命挑戰，也代表我們在相關經驗層面必須努力應對困境，才可能達成新覺知。

B.留意所有與個人行星的合相，以及其他與個人行星及所落入星座／宮位的緊密相位。

C.落入第一宮的行星具有強大的力量，越靠近上升點，力量就越強大（包含靠近上升點的第十二宮）。

D.土星所在的宮位永遠是最重要的。

阿若優的星盤詮釋指南

Chart Interpretation Handbook

Guidelines for Understanding the Essentials of the Birth Chart

作　　者　史蒂芬・阿若優（Stephen Arroyo）
譯　　者　亞瑟
副 社 長　陳瀅如
總 編 輯　戴偉傑
責任編輯　李嘉琪（初版）、翁仲琪（二版）
美術設計　兩棵酸梅
行銷企劃　陳雅雯、尹子麟、余一霞、洪啟軒

出　　版　木馬文化事業股份有限公司
發　　行　遠足文化事業股份有限公司（讀書共和國出版集團）
地　　址　231 新北市新店區民權路 108-4 號 8 樓
電　　話　02-2218-1417
傳　　真　02-2218-0727
電子信箱　service@bookrep.com.tw
郵撥帳號　19588272 木馬文化事業股份有限公司
客服專線　0800-221-029
法律顧問　華洋法律事務所 蘇文生律師
印　　刷　前進彩藝有限公司
初　　版　2014 年 6 月
二版一刷　2020 年 10 月
二版四刷　2024 年 5 月

定　　價　360 元
ISBN　978-986-359-837-4

木馬臉書粉絲團　http://www.facebook.com/ecusbook
木馬部落格　http://blog.roodo.com/ecus2005

特別聲明：書中言論內容不代表本公司／出版集團之立場與意見，
文責由作者自行承擔

"Chart Interpretation Handbook" by Stephen Arroyo.
Copyright @ CRCS PUBLICATION, 1989.
PO Box 2378, Sebastopol, California 95473, United States of America.

All rights reserved under International and Pan-American Copyright Conventions. Printed in the United States of America. No part of this book may be used or reproduced in any manner whatsoever (including photocopying) without written permission from the publisher, except in the case of brief quotations embodied in critical or scholarly articles and reviews.

Traditional Chinese edition copyright @ 2020 Ecus Publishing House.
All rights reserved.

線上讀者資料回函
請給我們寶貴的意見！

國家圖書館出版品預行編目(CIP)資料

阿若優的星盤詮釋指南 / 史蒂芬. 阿若優 (Stephen Arroyo) 著；亞瑟譯. -- 二版. -- 新北市：木馬文化出版：遠足文化發行，2020.10　面；　公分
譯自：Chart interpretation handbook : guidelines for understanding the essentials of the birth chart
ISBN 978-986-359-837-4(平裝)

1. 占星術

292.22　　109014881